MÉMOIRES

SUR LES

TUMEURS DU PÉRIOSTE DENTAIRE

ET SUR

L'OSTÉO-PÉRIOSTITE ALVÉOLO-DENTAIRE

PAR LE DOCTEUR

E. MAGITOT

Lauréat de l'Institut (Académie des Sciences), de la Faculté et de l'Académie de médecine,
Membre de la Société de Chirurgie et de la Société de Biologie,
Secrétaire de la Société d'anthropologie, Membre honoraire de la Société de médecine pratique
Correspondant de l'Académie de médecine de Belgique, etc.

DEUXIÈME ÉDITION

ACCOMPAGNÉE D'UNE PLANCHE

PARIS

J.-B. BAILLIÈRE ET FILS

RUE HAUTEFEUILLE, 19, PRÈS LE BOULEVARD SAINT-GERMAIN.

1873

MÉMOIRES

SUR

LES TUMEURS DU PÉRIOSTE DENTAIRE

ET SUR

L'OSTÉO-PÉRIOSTITE ALVÉOLO-DENTAIRE.

PRINCIPAUX TRAVAUX DE M. MAGITOT.

Études sur le développement et la structure des dents humaines. Grand in-4° avec 2 planches, 1858.

Mémoire sur la morphologie du follicule dentaire chez l'homme et les mammifères. (Comptes rendus de l'Académie des Sciences, 1860, t. L, p. 424.)

Mémoire sur la genèse et l'évolution des follicules dentaires chez l'homme et les mammifères, en commun avec le professeur Ch. Robin. (Journal de Physiologie, 1860-61, et tirage à part grand in-8° avec 6 planches.)

Mémoire sur un organe transitoire de la vie fœtale, désigné sous le nom de cartilage de Meckel, pour servir à l'histoire du développement du maxillaire inférieur et de la chaîne des osselets de l'oreille, en commun avec le professeur Ch. Robin. (Annales des Sciences naturelles, 1862, et tirage à part in-8° avec planche.)

Mémoire sur les lésions anatomiques de l'ivoire et de l'émail dans la carie dentaire. (Journal d'Anatomie et de Physiologie, 1866, et tirage à part in-8° avec 2 planches gravées.)

Études et expériences sur la salive, considérée comme agent de la carie dentaire. 1867, deuxième édition revue et augmentée de figures dans le texte.

Recherches ethnologiques et statistiques sur les altérations du système dentaire, avec des tracés graphiques et une carte. (Bulletin de la Société d'anthropologie, 1867.)

Traité de la carie dentaire; recherches expérimentales et thérapeutiques. In-8° avec 2 planches gravées, carte et figures dans le texte. 1867.

L'homme et les singes anthropomorphes, discours sur l'anatomie comparée du système dentaire de l'homme et des singes. (Bulletin de la Société d'anthropologie, 1869.)

De l'acide chromique et de son emploi thérapeutique dans quelques affections chirurgicales de la bouche. (Bulletin général de thérapeutique, 1869.)

Essai sur la pathogénie des kystes et des abcès des mâchoires. (Gazette des hôpitaux, 1869.)

Mémoire sur les kystes des mâchoires (Archives générales de médecine, 1872-1873.)

Collaboration au Dictionnaire encyclopédique des sciences médicales, articles : Alvéoles, Bouche, Carie des dents, Dentition, Mastication, etc.

En préparation :

Odontologie. Traité comprenant l'anatomie, la physiologie, la pathologie, la médecine opératoire, la prothèse dentaires. In-8° de 600 pages, avec 200 figures intercalées dans le texte.

Traité des anomalies du système dentaire chez l'homme et les mammifères domestiques. In 4° avec planches.

IMPRIMERIE EUGÈNE HEUTTE ET Cᵉ, A SAINT-GERMAIN.

MÉMOIRES

SUR LES

TUMEURS DU PÉRIOSTE DENTAIRE

ET SUR

L'OSTÉO-PÉRIOSTITE ALVÉOLO-DENTAIRE

PAR LE DOCTEUR

E. MAGITOT

Lauréat de l'Institut (Académie des Sciences), de la Faculté et de l'Académie de médecine,
Membre de la Société de Chirurgie et de la Société de Biologie,
Secrétaire de la Société d'anthropologie, Membre honoraire de la Société de médecine pratique
Correspondant de l'Académie de médecine de Belgique, etc.

DEUXIÈME ÉDITION

ACCOMPAGNÉE D'UNE PLANCHE

PARIS

J.-B. BAILLIÈRE ET FILS

RUE HAUTEFEUILLE, 19, PRÈS LE BOULEVARD SAINT-GERMAIN.

1873

Les deux Mémoires contenus dans ce volume avaient d'abord paru séparément. Nous avons cru pouvoir, avec l'assentiment de l'auteur, les réunir en raison de certaines analogies dans le sujet dont ils traitent.

(*Note des Éditeurs.*)

MÉMOIRES

SUR

LES TUMEURS DU PÉRIOSTE DENTAIRE

ET SUR

L'OSTÉO-PÉRIOSTITE ALVÉOLO-DENTAIRE

MÉMOIRE

SUR

LES TUMEURS DU PÉRIOSTE DENTAIRE

LU A LA SOCIÉTÉ DE CHIRURGIE DE PARIS, LE 13 AVRIL 1859.

PRÉLIMINAIRES

Parmi les affections dont les dents humaines peuvent devenir le siége, un certain nombre occupent le feuillet fibreux qui revêt la surface des racines, feuillet qu'on désigne sous le nom de *périoste dentaire* ou *membrane alvéolo-dentaire*. Ces affections du périoste sont de diverses natures ; nous pouvons en distinguer deux genres : 1° des affections inflammatoires, périostite aiguë et chronique, abcès sous-périostaux, kystes purulents, etc. ; 2° des affections organiques caractérisées par des modifications de structure intime, avec changements de volume de la membrane.

Parmi ces dernières se trouve une grande classe d'affections du périoste qu'on peut désigner sous le nom de *tumeurs*.

Nous donnerons donc le nom de *tumeurs du périoste dentaire* à toute production organique molle, persistante, formant une éminence circonscrite et ayant son siége sur un point quelconque de l'étendue de la membrane périostale.

Les tumeurs du périoste dentaire se divisent enfin en deux espèces, que nous avons cru devoir séparer, au point de vue clinique, en raison des différences qu'elles présentent dans leur siége, leurs symptômes et leur thérapeutique. Ces deux espèces sont :

1° Les tumeurs *extra-alvéolaires* du périoste, c'est-à-dire celles qui, prenant leur origine au niveau du collet de la dent sur le bord terminal du périoste, font saillie hors de la mâchoire. Elles surviennent toujours comme complication d'une carie dentaire et affectent constamment la forme de *polypes*, dont le pédicule très-délié s'attache au périoste, et dont la masse, flottant dans l'intérieur de la bouche, se loge ordinairement dans la cavité de la carie. Ces polypes ne causent le plus souvent d'autres symptômes qu'une gêne plus ou moins prononcée de la mastication, et peuvent facilement guérir par excision suivie de cautérisation du point d'attache du pédicule (1).

2° Les tumeurs *intra-alvéolaires* du périoste, ordinairement dépourvues de pédicule et ne faisant pas saillie à l'extérieur. Nous désignerons celles-ci sous le nom de *tumeurs proprement dites*, réservant celui de *polypes* ou *tumeurs polypiformes* pour les précédentes.

Ce sont ces productions, dont le développement s'effectue dans l'intérieur de l'alvéole, entre la surface du cément et la paroi osseuse qui font l'objet du présent travail.

Dix-huit observations recueillies par nous et correspondant à dix-huit pièces pathologiques de notre collection particulière, forment la base de notre mémoire, qui se divise naturellement en deux parties : la première formant la description de la maladie dans ses symptômes, sa marche, ses différents caractères, etc. ; la seconde compre-

(1) Voyez Appendice, note B.

nant les dix-huit observations sur lesquelles repose l'histoire de la maladie.

L'affection curieuse dont ce travail est l'objet ne nous a pas semblé très-rare, puisque, pendant l'espace de deux années, nous avons pu en observer dix-huit exemples. Il faut dire cependant qu'elle a paru échapper jusqu'à présent à tous les observateurs, et nous n'en connaissons dans la science aucune description.

Il y a donc là une lacune sur le terrain d'ailleurs si inexploré de la chirurgie dentaire, lacune que nous espérons combler par nos recherches.

Avant d'aborder la partie purement pathologique de notre étude, nous avons cru devoir présenter quelques considérations sur la disposition et les caractères normaux du périoste dentaire. C'est par ce court exposé anatomique que nous commencerons.

DESCRIPTION.

§ I. — ANATOMIE NORMALE DU PÉRIOSTE DENTAIRE.

Lorsqu'on étudie le périoste dentaire chez l'adulte, c'est-à-dire après que le développement de la dent est complet, on le trouve constitué par un feuillet membraneux simple interposé dans l'alvéole entre la dent et la mâchoire, et servant à unir intimement l'une à l'autre. Son épaisseur est en moyenne de $0^{mm}.1$ à $0^{mm}.2$; elle varie avec l'âge; ainsi, considérable dans l'enfance, pendant laquelle le périoste joue un rôle important dans la formation du cément, elle diminue peu à peu pour devenir tellement faible chez le vieillard, qu'elle est presque invisible à l'œil nu. Sa consistance est très-grande, et son adhérence aux parties qu'elle unit est telle, que, lorsqu'on cherche à séparer la dent de la mâchoire, le périoste reste fixé tantôt à l'alvéole, tantôt à la racine. Cette circonstance explique la solidité extrême de l'adhérence de la dent à l'os, et rend la préparation du périoste très-difficile chez l'adulte.

Appliquée à la surface du cément qui revêt les racines, la membrane périostale tapisse toute la partie de la dent qui est enfermée dans la mâchoire. Elle est en continuité de tissu avec la gencive et fournit à celle-ci son adhérence au niveau du collet, puis s'étend sur la surface des racines et les tapisse dans toute leur étendue; arrivée enfin au sommet de ces dernières, elle rencontre le faisceau vasculo-nerveux de chaque racine à son entrée dans le canal dentaire, se prolonge sur lui et se perd dans sa gaîne propre, sans se replier, comme on l'a cru, dans l'intérieur de la dent pour recouvrir la pulpe, cet organe étant, comme on sait, dépourvu de membrane propre.

Les vaisseaux du périoste, qui sont extrêmement nombreux, proviennent du faisceau vasculo-nerveux destiné à la pulpe, et se détachent au niveau de l'orifice du canal dentaire. Les nerfs, également très-nombreux, ramifications extrêmes de la cinquième paire, viennent de la même source. Ces vaisseaux et ces nerfs se ramifient dans toute la membrane, et fournissent au cément les éléments de nutrition; ils s'anastomosent enfin d'une part avec les vaisseaux et nerfs du tissu osseux de l'alvéole, et d'autre part avec ceux de la muqueuse buccale, à son insertion au collet de la dent.

Au point de vue de sa structure, le périoste est constitué par une trame de tissu fibreux extrêmement serrée, composée de fibres si intimement unies les unes aux autres que la dilacération au moyen des aiguilles ne réussit pas à les isoler. Il en résulte que sous le microscope, les faisceaux brisés se présentent avec des extrémités qui, au lieu de rester filamenteuses et de se dissocier sous les aiguilles, se terminent par des sections nettes. Cette constitution extrêmement dense du périoste est surtout manifeste du côté de la surface dentaire, tandis que du côté de l'alvéole, les fibres de la membrane sont plus faciles à isoler par la dilacération, et se divisent en faisceaux dans lesquels l'apparence fibreuse est bien plus tranchée.

La dilacération du tissu met à découvert un assez grand nombre de noyaux embryoplastiques (fibro-plastiques des auteurs), soit isolés, soit rassemblés au nombre de trois ou quatre. Une goutte d'acide acétique rend la préparation plus transparente, et permet de voir plus nettement les noyaux, en même temps qu'elle en isole de nouveaux, invisibles avant l'emploi du réactif. Le même acide décèle aussi la présence de faisceaux de tubes nerveux qu'on peut suivre dans une assez grande étendue, et qui nous ont paru plusieurs fois composés chacun de deux tubes seulement, offrant la constitution propre aux tubes nerveux de la cinquième paire, tant pour la structure que pour les dimensions. On constate également que le long de ces tubes, il existe une couche névrilématique complète qu'on reconnaît, soit à la direction des fibres qui la composent, soit à celle des noyaux embryoplastiques interposés.

Nous avons rencontré principalement des tubes nerveux au voisinage du sommet des racines et à la surface dentaire du périoste.

L'étude microscopique du périoste démontre en outre l'existence de *cellules myéloplaxes* dont le nombre et les caractères se rapprochent beaucoup de celles qu'on observe dans le périoste osseux lorsqu'on racle sa face profonde après l'avoir isolé par arrachement. Ces myéloplaxes du périoste dentaire se rencontrent à peu près également nombreuses dans tous les points de son étendue. Nous avons trouvé aussi, mais assez rarement dans l'épaisseur du périoste, des éléments anatomiques décrits sous le nom de *cytoblastions* (1). ils se présentaient dans le tissu sous la forme nucléaire et revêtus des caractères qu'on leur reconnaît dans le derme de la peau ou des muqueuses. Çà et là encore, on recontre au sein du tissu des traînées de granulations et de véritables gouttes de graisse dont le diamètre peut s'élever jusqu'à $0^{mm}.02$ et $0^{mm}.03$.

Les vaisseaux capillaires, plus faciles à isoler vers la face alvéolaire, sont extrêmement nombreux et très-fins. Les lymphathiques n'ont pas été rencontrés et ne sont d'ailleurs signalés par aucun auteur.

La constitution du périoste dentaire semble donc, comme on voit, se rapprocher par les caractères physiques de celle du périoste osseux, dont elle s'éloigne cependant par l'absence complète d'éléments élastiques et le grand nombre de ses filets nerveux.

§ II. — ANATOMIE PATHOLOGIQUE DES TUMEURS DU PÉRIOSTE.

Les tumeurs du périoste dentaire observées immédiatement après l'extraction de la dent qui les supporte, se pré-

(1) Voyez ce mot, *Dictionnaire de médecine*, de Nysten, revu par Littré et Robin, édition 1858.

sentent sous l'aspect d'une production molle, fongueuse, dont la surface inégale et mal limitée est ordinairement couverte de lambeaux flottants et dont la face profonde adhère plus ou moins intimement au cément qui revêt les racines. Leur volume, assez difficile à déterminer en raison de l'irrégularité de leur forme et de leur siége, peut varier depuis celuis d'un gros pois jusqu'à celui d'une petite noix. Leur forme est extrêmement variable ; tantôt la tumeur est aplatie entre la paroi alvéolaire et la surface dentaire, à laquelle elle est fixée par une portion plus ou moins rétrécie ; d'autres fois la tumeur se développe plus librement ; elle prend alors la forme sphérique plus ou moins régulière, produisant l'écartement des deux surfaces entre lesquelles elle se développe et causant ainsi un degré plus ou moins avancé de luxation de la dent malade. Dans un certain nombre de circonstances, la tumeur prend naissance dans l'intervalle des racines, envahit la cloison osseuse qui les sépare, et trouve ainsi une disposition favorable à son développement. Dans d'autres cas, après avoir débuté sur un point limité du tissu, elle envahit de proche en proche une grande partie ou la totalité de la membrane périostale, et se développe ainsi plutôt en surface qu'en épaisseur, paraissant alors constituer une simple hypertrophie générale plutôt qu'une véritable tumeur. Enfin, mais plus rarement, le périoste offre la production de plusieurs tumeurs indépendantes l'une de l'autre, et développées sur divers points des racines de la même dent.

La couleur de même que le volume est extrêmement variable. Lorsque le périoste est le siége d'une simple hypertrophie, ou que la nature de la production est épithéliale ou fibro-plastique, la coloration est généralement blanchâtre, parsemée de quelques plaques rouges indiquant un certain degré de vascularité et pouvant déceler l'existence d'un foyer inflammatoire localisé. C'est ce qui arrive surtout lorsque l'extraction de la dent malade a été opérée pendant le cours d'une crise douloureuse ; la tumeur est alors le siége d'un état congestif plus ou moins considérable ; elle présente, soit partiellement, soit dans sa totalité, une teinte rouge violacée. Lorsque les éléments constituants de la tumeur sont doués de caractères physiques spéciaux, ils impriment à la masse une coloration particulière. Il en est ainsi des myéloplaxes, éléments qui donnent à la tumeur une couleur rouge ou brune (obs. 17), et des éléments graisseux, cellules ou granulations qui communiquent une couleur jaunâtre.

La consistance des tumeurs varie suivant que la trame fibreuse qui en forme la base est plus ou moins serrée et contient une quantité plus ou moins grande de matière amorphe ou d'éléments anatomiques divers interposés. Rarement les tumeurs sont dures; en général, elles sont molles, faciles à déchirer, et se détachent quelquefois pendant l'extraction de la surface qui les supporte : dans plusieurs circonstances, le tissu présente des points considérablement ramollis, indiquant un travail inflammatoire ancien, ayant donné lieu à une fonte purulente partielle du tissu.

Au point de vue histologique, la constitution des tumeurs du périoste présente un certain intérêt. En général, plusieurs éléments anatomiques d'ordre différent concourent à leur formation, mais, presque toujours, une certaine classe de ces éléments prédomine sur les autres et constitue la partie fondamentale ou les éléments fondamentaux du tissu, tandis que les autres gardent le rôle d'accessoires. Ce sont les éléments fondamentaux qui dans nos observations ont servi à déterminer le nom de la tumeur sans que, par conséquent, les désignations dont nous nous sommes servi impliquent en aucune façon la présence de certains éléments à l'exclusion absolue des autres.

Quoi qu'il en soit, la substance même du périoste plus ou moins modifiée forme constamment la trame et la base principale de l'altération. C'est donc toujours dans son tissu que se trouvent inclus les éléments de la production morbide. Nous devons donc nous attacher dans notre étude histologique à déterminer la nature des éléments qui s'ajoutent à la trame fibreuse primordiale du périoste. Nous distinguerons, à ce point de vue, nos tumeurs sous les cinq divisions suivantes :

Ier Groupe. *Tumeurs fibreuses ou hypertrophiques*, *fibrômes* (Planche, fig. 1). — Dans cette première division, nous observons que l'altération anatomique consiste en une simple hypertrophie avec multiplication ou hypergenèse des éléments primitifs normaux de la membrane alvéolo-dentaire. Les parties qu'on y rencontre sont donc principalement du tissu fibreux dont nous ne tracerons pas ici les caractères bien connus, tissu que parcourent un nombre considérable de vaisseaux anormalement développés, et qui contient en outre de la matière amorphe granuleuse ou non, interposée aux mailles fibreuses; des éléments fibro-plastiques, noyaux ou corps fusiformes, puis quelques cytoblastions, quelques myéloplaxes, rares éléments accessoires préexistant d'ailleurs pour la plupart dans le tissu normal, mais qui, sous une même influence pathogénique, subissent un commencement d'hypertrophie qui permet de les observer plus facilement. Enfin ces tumeurs, de même que certaines autres que nous signalerons chemin faisant, peuvent renfermer encore des leucocytes ou globules de pus qui ne résultent pas pour tous les cas, comme on pourrait le croire, d'un travail inflammatoire. On sait en effet, d'après les recherches déjà anciennes de M. Ch. Robin (1), que des leucocytes se trouvent comme éléments accessoires interposés çà et là à d'autres éléments dans un grand nombre de tumeurs n'ayant jamais subi d'inflammation. Tels sont les épithéliomas du gland, de la mâchoire, de la langue, les tumeurs glandulaires des fosses nasales, du rectum, du col utérin, etc. Nous signalons ce fait avec d'autant plus d'attention que dans d'autres circonstances, quelques-unes de nos tumeurs ont offert l'accumulation dans un point limité des mêmes leucocytes, correspondant alors à un foyer inflammatoire véritable.

(1) Voyez *Dictionnaire de médecine* de Nysten, par Littré et Robin, articles *Leucocyte* et *Tumeur*.

Les hypertrophies simples du périoste ou tumeurs fibreuses figurent dans nos dix-huit observations pour le nombre trois.

IIe Groupe. *Tumeurs fibro-plastiques* (fig. 2). — Une seconde division histologique de nos tumeurs comprend un certain nombre de productions voisines des précédentes et constituées par des éléments fibro-plastiques, soit simplement nucléaires, soit devenus déjà corps fusiformes. Ces divers états ne sont, comme on sait, autre chose que deux phases successives du développement de la fibre lamineuse, élément fondamental du tissu fibreux, et qui peuvent être pathologiquement le siége d'une aberration organique en vertu de laquelle ils deviennent éléments fondamentaux de certaines tumeurs (1). Parmi nos dix-huit exemples, cinq ont revêtu cette constitution anatomique avec addition, à titre d'accessoires, des éléments qui, dans d'autres tumeurs, peuvent figurer à leur tour comme fondamentaux, myéloplaxes, épithélium, etc.

IIIe Groupe. *Tumeurs épithéliales, épithéliomas, cancer des auteurs* (fig. 3). — Dans une troisième division, les tumeurs ont présenté une constitution toute spéciale, et les parties qu'on y trouvait n'étaient autres que des éléments épithéliaux. Ces éléments se sont présentés à nous sous les diverses formes qu'ils peuvent affecter, soit dans l'économie normale, soit dans les diverses tumeurs de l'économie qui en sont composées ; tantôt la tumeur ne renfermait que des noyaux simples, sphériques ou ovoïdes, plus ou moins réguliers, ayant de de $0^{mm}.01$ à $0^{mm}.008$ de diamètre, et contenant un nombre variable de nucléoles ; tantôt elles se composaient de cellules soit pavimenteuses, soit sphériques, à contours plus ou moins réguliers, pouvant atteindre jusqu'à $0^{mm}.1$ de diamètre, quelquefois parsemées de granulations graisseuses, contenant des noyaux plus ou moins nombreux, et pouvant se

(1) Voyez *Dictionnaire de médecine*, de Nysten, par Littré et Robin, 1858, au mot *Embryoplastique*.

rapprocher ainsi, dans certaines circonstances, des caractères assignés à la cellule dite *cancéreuse.* Disons cependant que, dans la plupart des cas, les cellules épithéliales de nos tumeurs n'ont pas offert tout à fait le même degré d'hypertrophie de leur noyau que celui qui est offert par les cellules épithéliales pathologiquement modifiées, dites *cancéreuses.*

Quoi qu'il en soit, et sans vouloir soulever aucune question de doctrine, nous avons rencontré cinq tumeurs offrant la constitution dont nous venons de parler. Parmi elles, nous en avons observé une dans laquelle les éléments épithéliaux nucléaires affectaient une disposition particulière : ils étaient groupés régulièrement autour d'un faisceau fibro-vasculaire, et représentaient exactement, par leur disposition, une véritable papille. Nous avons rangé cette curieuse production parmi celles connues sous le nom de tumeurs épithéliales papilliformes (obs. 13).

Enfin, une autre observation parmi ces dernières porte sur une tumeur volumineuse formée d'éléments épithéliaux pavimenteux et sphériques ayant subi une altération assez commune aux tumeurs dites cancéreuses et fibro-plastiques; nous voulons parler du dépôt de granulations graisseuses dans leur épaisseur. La tumeur dont nous parlons (obs. 16) présentait, sur une grande partie de son étendue, une coloration jaune très-prononcée due à l'accumulation de granulations graisseuses au sein du tissu morbide. Cette coloration n'était pas générale, et la tumeur, dans certains points, offrait un degré d'altération moins avancé, de sorte qu'on pouvait, par un examen comparatif, se rendre compte des phases successives de son évolution. Ainsi le périoste dentaire avait d'abord subi une hypertrophie simple qu'on retrouvait isolément sur certains points; puis au sein des mailles s'étaient développés des éléments épithéliaux qui, de nucléaires qu'ils étaient primitivement sans doute, s'étaient transformés en cellules par suite de la segmentation de la matière amorphe ambiante ; enfin ces cellules avaient éprouvé finalement l'altération dite *dégénérescence graisseuse,* consistant en un dépôt de granulations graisseuses, jaunâtres dans leur épaisseur. On trouvait aussi entre ces éléments des granulations analogues ayant environ $0^{mm}.001$ de diamètre, douées du mouvement brownien, et pouvant devenir tellement nombreuses qu'elles masquaient la nature du tissu primitif et lui donnaient la couleur du tissu graisseux lui-même.

Nous avons rencontré encore la présence de granulations graisseuses ou de gouttes d'huile au sein de trois autres tumeurs de nature fibro-plastique; cette particularité indiquant sans doute, dans ces dernières circonstances, le début de la même superfétation morbide graisseuse dont le tissu allait devenir le siége.

IV° Groupe. *Tumeurs à myéloplaxes* (fig. 4). — Une quatrième forme de tumeurs, à laquelle se rattache la seule observation 17°, a présenté comme parties constituantes une réunion d'éléments connus sous le nom de myéloplaxes. Ces éléments, appelés aussi plaques ou lamelles à noyaux multiples, sont, ainsi que les décrit M. Robin, des masses de granulations fines aplaties, polyédriques, régulières ou dentelées, d'un volume variant de $0^{mm}.020$ à $0^{mm}.001$, parsemées de noyaux ovoïdes dont le nombre varie de 1 à 30, et dont les dimensions sont de $0^{mm}.005$ à $0^{mm}.006$ de largeur sur $0^{mm}.009$ à $0^{mm}.011$ de longueur. Les myéloplaxes qu'on retrouve dans la composition d'un certain nombre de tumeurs de l'économie, et particulièrement des épulies, se rencontraient comme éléments fondamentaux, dans l'observation 17, au sein d'une trame fibreuse très-lâche, et communiquaient au tissu la couleur brune habituelle aux tumeurs principalement composées de myéloplaxes.

V° Groupe. *Tumeurs à cytoblastions* (fig. 5). — Cette cinquième division ne se compose, comme la précédente, que d'une seule observation (obs. 18), dans laquelle la tumeur s'était développée sur la racine interne d'une première grosse molaire supérieure droite, chez un sujet âgé de quatorze ans. Cette tumeur, qui s'était rapidement développée, se composait d'une trame fibreuse renfermant, comme partie fondamentale, des éléments anatomiques connus sous le nom de *cytoblastions* de la variété nucléaire. Ces éléments étaient caractérisés par la forme de noyaux libres sphériques ou un peu ovoïdes de $0^{mm}.004$ à $0^{mm}.006$, à fines granulations de teinte obscure dans l'intérieur, mais sans nucléole proprement dit. Ils se rencontrent normalement, mais en très-petite quantité, dans le tissu du derme cutané, dans celui des muqueuses et des séreuses, dans le parenchyme pulmonaire, etc. A l'état pathologique, ils constituent les fongosités des plaques muqueuses syphilitiques, les condylômes, les chancres indurés ou non, les tumeurs gommeuses, les chalazions, etc. On les rencontre souvent, comme dans notre observation 18, joints à des éléments fibreux ou fibro-plastiques, et ils impriment aux tissus qu'ils composent un caractère particulier de développement très-rapide. C'est ainsi que la tumeur que nous avons observée avait acquis en un mois un volume relativement considérable.

L'existence, dans les productions pathologiques du périoste dentaire, de tissus à cytoblastions, complète, avec les quatre groupes précédents, le cadre des tumeurs dont cette membrane semble pouvoir devenir le siége. Nous retrouvons en effet, dans l'ordre pathologique, la série complète des éléments constitutifs normaux du périoste dentaire, avec cette particularité que l'état morbide a imprimé à ces éléments normaux des modifications variées de nombre, de forme et de volume, modifications qui, pour l'observateur exercé, permettent toutefois de reconnaître sous la forme pathologique les éléments du tissu primitif. Ainsi nous avons vu, dans la constitution normale du périoste, les éléments fibreux, fibro-plastiques, myéloplaxes et cytoblastions joints aux vaisseaux, au tissu graisseux, etc., et nous retrouvons, soit simultanément, soit isolément, les mêmes parties dans les tumeurs. Une seule exception s'est offerte relativement aux épithéliums, qui, n'existant pas dans le périoste sain, se sont rencontrés dans certaines tumeurs. Pour ce dernier cas, l'existence de ces éléments ne saurait donc s'expliquer que par la genèse, avec erreur de lieu, de l'épithélium au sein du tissu périostal; particularité dont la pathologie des tumeurs offre d'ailleurs dans l'économie de nombreux exemples (*tumeurs hétéradéniques*, etc.).

Au point de vue clinique, il résulte des considérations précédentes que la pathogénie des tumeurs du périoste dentaire ne paraît pas liée, comme celle d'un certain nombre de tumeurs de l'économie, à l'état de *diathèse* qui domine d'ordinaire les manifestations morbides de ce genre. Toutes nos observations portent, comme on le verra, sur des sujets jouissant d'une bonne santé, et n'ayant présenté sur aucun autre point du corps des productions pathologiques de composition analogue ou différente. Nous remarquerons seulement que le périoste dentaire, étant un organe non assimilable au périoste proprement dit, en raison de sa structure et de ses usages, est susceptible de devenir individuellement le siége exclusif de tumeurs, de même que, dans d'autres circonstances, on trouve chez un sujet en particulier une série d'altérations organiques affectant exclusivement un même ordre de tissus (tumeurs des glandes, des tissus musculaire, adipeux, etc.). C'est ce qui explique pourquoi, ordinairement, les tissus voisins du périoste dentaire, l'alvéole, la muqueuse gingivale, etc., doués d'une constitution différente, ne sont pas envahis par les tumeurs du périoste. Nous ne voudrions pas affirmer, cependant, que certaines affections organiques de la mâchoire n'ont pas débuté par des altérations de même ordre du périoste dentaire; les observations manquent à ce sujet, et peut-être les accidents qui accompagnent ces dernières sont-ils cause que les malades demandent souvent l'extraction de la dent avant que cet envahissement ait eu le temps de se produire.

Ainsi donc, pour nous résumer, l'examen microscopique de nos tumeurs, que nous devons pour tous les cas à l'extrême obligeance de notre maître et ami, M. le professeur Ch. Robin, a donné les résultats suivants :

8 tumeurs sont constituées par des éléments fibro-plastiques.

5 sont formées d'éléments épithéliaux ou cancéreux.

3 sont formées de tissus fibreux et représentent une simple hypertrophie du périoste.

1 se compose d'éléments myéloplaxes.

1 d'éléments cytoblastions.

§ III. — ÉTIOLOGIE.

Les causes de production des tumeurs du périoste sont entourées d'autant d'obscurité que la production des tumeurs en général; nous nous bornerons donc à signaler les conditions diverses au milieu desquelles cette affection s'est développée dans les observations que nous avons recueillies.

Une première particularité digne d'être signalée, c'est que toutes les tumeurs que nous avons observées appartenaient à des sujets doués d'une bonne constitution, et qui, dans leurs antécédents, n'avaient jamais été atteints de tumeurs développées sur d'autres points du corps. Dans plusieurs circonstances, toutefois, des malades qui sont venus nous consulter pour une dent affectée de tumeur nous ont affirmé avoir déjà éprouvé antérieurement des accidents identiques à ceux que nous observions, et avoir été contraints de faire extraire la dent qui les occasionnait, sans que cet organe présentât la moindre atteinte de carie. Quatre de nos observations tendent à établir cette circonstance; ainsi l'observation 6 est relative à une tumeur fibro-plastique développée sur une dent de sagesse inférieure droite, chez un homme de cinquante-cinq ans, ayant perdu déjà plusieurs dents, parmi lesquelles quelques-unes avaient paru causer les symptômes propres aux tumeurs. L'observation 16 est dans le même cas; enfin les observations 13 et 17 portent toutes deux sur des tumeurs également fibro-plastiques et appartenant à des sujets qui ont déclaré, bien plus nettement que les précédents, avoir déjà éprouvé pour d'autres dents des douleurs et des accidents identiques; l'un d'eux même (obs. 13) aurait très-distinctement observé qu'une dent antérieurement enlevée présentait sur ses racines une production molle du genre de celle qu'on lui faisait remarquer sur la dent qu'on venait d'extraire. Ces quatre faits tendent à établir la possibilité du développement de plusieurs tumeurs sur le même sujet par récidive, non point sur place, il est vrai, et par envahissement des tissus contigus, mais dans le voisinage, sur le périoste des autres dents. Ajoutons aussi que la circonstance de deux tumeurs développées sur des dents contiguës ne s'est pas observée, et que la récidive a paru pouvoir s'effectuer à de certaines distances, pour des dents soit de mâchoires différentes, soit des côtés opposés de la même mâchoire. La disposition anatomique des dents couvertes de leur périoste respectif, et renfermées chacune dans un alvéole séparé, ne favorise pas d'ailleurs la progression de la tumeur du périoste de l'une au périoste des dents voisines.

Les diverses affections dont l'organe dentaire peut devenir le siége n'ont pas paru exercer une notable influence sur le développement des tumeurs du périoste. Ainsi la carie, par exemple, la plus commune des altérations des dents, nous a semblé y rester complétement étrangère. Les observations que nous avons recueillies portent principalement sur des dents dépourvues de carie, et, dans les autres cas, moins nombreux, où ces affections accompagnaient les tumeurs, nous n'avons pu saisir aucune relation manifeste entre les deux maladies. Sur nos 18 cas de tumeurs du périoste, 8 dents seulement étaient cariées, et parmi elles 3 portaient des cavités très-superficielles, n'offrant pas de communication avec la pulpe, et ne pouvant par conséquent causer aucun accident sérieux. Les cinq autres dents étaient au contraire altérées dans une grande profondeur ; mais la pulpe ayant entièrement disparu par suite de gangrène ou de fonte purulente, aucun accident n'était également possible. Ces dernières cependant auraient pu devenir le siége de périostite chronique, affection qui succède le plus souvent à une carie extrêmement avancée, et qui serait peut-être de nature à déterminer la production d'une tumeur. Or, cinq dents seulement sur dix-huit se seraient trouvées dans ces conditions, et ce nombre est relativement trop faible pour permettre d'établir sur ce point d'étiologie une détermination définitive. Aucune affection dentaire ne paraît donc influencer le développement des tumeurs du périoste.

D'autres circonstances également dignes d'intérêt accompagnent encore le développement des tumeurs : ainsi les dents molaires paraissent être exclusivement le siége de ces productions. Les dix-huit exemples que nous avons observés sont dans ce cas. Sur ce nombre, seize tumeurs occupaient les grosses, deux seulement les petites molaires. Sur les seize grosses molaires, il y avait dix premières, quatre secondes et une troisième molaire. Quant aux prémolaires, elles étaient toutes deux de la mâchoire supérieure. Les dents permanentes n'y sont pas exclusivement disposées, car nous en avons observé un exemple sur une grosse molaire temporaire chez un enfant de quatre ans.

Ainsi, dans nos dix-huit observations, les dents affectées par ordre de fréquence sont :

TABLEAU DES TUMEURS DU PÉRIOSTE

d'après l'ordre de fréquence des dents affectées.

10 premières grosses molaires permanentes.	7 supérieures,	gauches.....	3
		droites......	4
	3 inférieures,	gauches.....	2
		droite	1
4 deuxièmes grosses molaires permanentes	3 inférieures,	gauches.....	2
		droite.......	1
	1 supérieure,	gauche.....	0
		droite.......	1
2 secondes petites molaires permanentes.	2 supérieures,	gauche.....	1
		droite.......	1
	0 inférieure.................		0
1 première grosse molaire temporaire inférieure droite..................			1
1 troisième grosse molaire permanente inférieure droite................			1
			18

En ce qui concerne l'âge des sujets atteints, voici ce que nous avons remarqué : tous les âges nous ont paru susceptibles de présenter cette affection. Le sujet le moins âgé avait quatre ans; le plus âgé en avait soixante. Trois enfants en étaient atteints, l'un de quatre ans, le second de douze, le troisième de treize ans; cinq sujets étaient d'un âge variant de vingt à quarante; enfin dix avaient de cinquante à soixante ans. Il semble, d'après ces quelques chiffres, que les sujets âgés paraissent être plus disposés à l'affection qui nous occupe que les adultes et les enfants. Quoi qu'il en soit, ces considérations reposent sur un trop petit nombre de faits pour nous présenter une valeur réelle; nous ne nous y arrêterons pas plus longtemps.

§ IV. — SYMPTOMATOLOGIE.

Les symptômes produits par la présence d'une tumeur du périoste sont de trois ordres : 1° ils peuvent être locaux, c'est-à-dire siégeant dans la mâchoire, au niveau de l'organe affecté; 2° ils peuvent être des symptômes de voisinage, c'est-à-dire revêtir le caractère d'accidents névralgiques sur une ou plusieurs ramifications de la cinquième paire; 3° enfin ils peuvent être généraux et provoqués alors ordinairement par la violence des accidents locaux.

Ces trois ordres de symptômes se présentent soit isolément, soit simultanément. Les symptômes locaux peuvent exister seuls et indépendants; ils marquent le plus souvent le début de l'affection; les accidents névralgiques ne surviennent ordinairement qu'après les précédents et paraissent être sous leur dépendance; quelquefois, cependant, ils apparaissent les premiers, se maintiennent isolément pendant quelque temps et peuvent ainsi tromper sur la nature de la maladie; enfin, les accidents généraux ne surviennent que plus tard, restent sous la dépendance des autres et ne se développent d'ailleurs que pendant certaines périodes de la maladie que nous décrirons sous le nom d'accès douloureux ou crises.

Au bébut de l'affection, lorsque la tumeur n'occupe encore dans l'alvéole qu'un espace très-limité, les malades accusent le plus souvent un sentiment de gêne ou de douleur sourde dans la mâchoire. Quelquefois la sensation est vague et indéfinie, comparable dans certains cas à une sorte de prurit ou chatouillement qui engage les malades à porter fréquemment le doigt ou la langue sur les dents du côté affecté; d'autres fois elle est localisée au niveau de l'organe malade : c'est alors une douleur ordinairement profonde, faible, mais continue, et pouvant devenir très-fatigante, plutôt par sa persistance que par son intensité. Les manœuvres de la mastication l'exaspèrent ordinairement, de sorte que les malades se plaignent particulièrement après les repas. En même temps, les ganglions sous-maxillaires deviennent parfois le siége d'un engorgement qui reste indolent et stationnaire ou s'accroît, suivant l'état correspondant de la lésion locale qui le détermine. Un peu de roideur et de gonflement peuvent survenir aussi sur la joue du même côté, quelquefois même un peu de douleur à la pression. Puis la dent commence à se dévier de sa direction primitive pour se porter généralement en dehors, en raison de l'impulsion permanente de la langue. La gencive du côté malade s'altère, devient le siége d'une inflammation lente, se décolle de la surface de la dent, et celle-ci, abandonnée d'un de ses éléments de soutien, flotte dans son alvéole au sein d'un liquide purulent que fournit quelquefois la tumeur, mais plus souvent le bord gingival. L'inflammation de la gencive ne reste pas ordinairement limitée au point correspondant à la dent malade et s'étend souvent aux dents voisines, de sorte que celles-ci peuvent être le siége d'une certaine douleur à la pression et d'un ébranlement plus ou moins prononcé, suivant qu'elles sont plus ou moins éloignées du siége primitif de la maladie.

Dans un certain nombre de cas, rares à la vérité, le début de l'affection est marqué par l'apparition de douleurs dans e voisinage de la mâchoire. Les malades accusent alors des points douloureux ordinairement cutanés, siégeant sur divers endroits de la face et affectant le caractère névralgique. Les douleurs sont ordinairement assez vagues et fugaces, se portant sur diverses régions, soit simultanément, soit isolément : ainsi la tempe, le pourtour de l'orbite, la partie supérieure de la joue, peuvent devenir le siége de douleurs dépendant d'une tumeur d'une dent supérieure et localisées sur le trajet, les filets émergeants ou les anastomoses superficielles des nerfs sus et sous-orbitaires, tandis que, dans le cas de tumeur d'une dent inférieure, la douleur occupe ordinairement soit l'oreille par le rameau auriculo-temporal du maxillaire inférieur, soit le trajet-intra maxillaire de ce dernier, ou les rameaux cutanés du nerf mentonnier.

Quoi qu'il en soit, ces derniers accidents, lorsqu'ils se développent les premiers, et bien qu'ils restent ordinairement faibles, sont cependant de nature à causer, dans certains cas, une erreur de diagnostic en raison de leur apparition antérieure à tout symptôme local du côté des dents, de sorte que les malades se croient affectés d'une névralgie faciale simple, et le médecin, partageant quelquefois cette erreur, a pu diriger en vain contre une névralgie supposée un traitement spécial. Nous avons été témoin d'un fait de ce genre. Ajoutons toutefois que, dans les circonstances dont nous parlons, les accidents névralgiques ne restent pas longtemps isolés, et que les phénomènes locaux, se manifestant peu de temps après, ne laissent bientôt plus de doute sur la cause réelle de la maladie.

Dans tous les cas, que les premiers symptômes prennent pour siége la dent malade ou qu'ils occupent les ramifications nerveuses de la face, ils ont toujours pour caractère général de se maintenir à un degré faible, s'exaspérant parfois sous certaines influences, mais conservant un caractère de bénignité constante. C'est ce que nous appellerons *l'état stationnaire* de la maladie, état dont la durée peut varier depuis quelques semaines jusqu'à un et même plusieurs mois, et qui fait suite à une nouvelle apparition de symptômes que nous allons décrire.

En effet, au milieu de l'état douloureux habituel se développent subitement de nouveaux phénomènes qui ne sont que l'exagération des accidents primitifs et dont l'ensemble constitue une *crise* d'une durée variable de cinq à quinze jours.

Sous l'influence d'une cause provocatrice quelconque, soit choc sur la dent malade, soit changement brusque de température, ou bien sans cause appréciable, la crise se déclare.

La douleur locale s'accroît rapidement et devient le plus souvent lancinante ; la dent est douloureuse au moindre ébranlement ; le contact même de la langue n'est quelquefois pas tolérable ; l'impression des liquides chauds introduits dans la bouche développe de vives douleurs, qui sont au contraire calmées le plus souvent par le contact des liquides froids, et la mastication devient totalement impossible. Les douleurs névralgiques de voisinage, naguère faibles et passagères, s'établissent en permanence et acquièrent une grande intensité ; elles occupent alors soit une ou plusieurs des branches nerveuses que nous avons signalées, soit la totalité de ces branches et leurs anastomoses superficielles, de sorte que la névralgie peut devenir hémicrânienne. La douleur localisée au niveau d'un des organes des sens peut aussi s'accompagner de troubles spéciaux ; c'est ainsi que nous avons observé quelquefois une certaine gêne de la vision dans le cas de névralgie orbitaire, et des bourdonnements accompagnés même d'un peu de surdité dans un cas de névralgie auriculaire.

Des symptômes inflammatoires se développent également : la joue se tuméfie, devient douloureuse à la pression, et le gonflement, s'étendant quelquefois plus loin, peut envahir les paupières et devenir une nouvelle cause de trouble de la vue ; les ganglions sous-maxillaires se tuméfient davantage et deviennent douloureux ; la gencive au niveau de la dent malade se gonfle, se renverse au dehors de la surface dentaire et prend une teinte violacée ; quelquefois elle devient le siége de petits abcès furonculaires du volume d'un gros pois qui se succèdent pendant toute la durée de la crise sans produire cependant de fistule. L'inflammation se propage le long de la mâchoire, et nous l'avons vue une fois envahir, dans un cas d'une tumeur de molaire inférieure, les piliers du voile du palais, l'amygdale correspondante, et causer par suite une dysphagie assez prononcée. La dent altérée s'ébranle fortement; elle fait saillie plus ou moins hors de l'alvéole, et sa couronne dépasse souvent alors de plusieurs millimètres le niveau des dents voisines; le moindre mouvement qu'on lui imprime est très-douloureux, et la percussion pratiquée au moyen d'un manche d'instrument, au lieu de produire un son clair, comme il arrive pour les dents saines, rend un son mat habituel aux dents ébranlées.

Enfin, à cet ensemble de phénomènes peuvent se joindre des accidents généraux. La crise s'accompagne alors de fièvre, d'inappétence, d'insomnie, de céphalalgie générale, etc. Quelquefois même, lorsque les accès se reproduisent à des intervalles rapprochés et que l'affection se prolonge, les sujets peuvent présenter un certain degré d'émaciation, particularité que nous avons observée par exemple chez une petite fille de quatre ans, affectée depuis plusieurs mois d'une tumeur occupant les racines d'une grosse molaire temporaire.

Les symptômes que nous venons de passer en revue sont loin, comme on le pense bien, de se présenter suivant un ordre et une régularité constants. Ainsi qu'on le verra par les observations que nous avons recueillies, les accidents ont offert tous les degrés d'intensité. Les premières crises, en général faibles, étaient suivies de plus fortes qui, toutefois, n'arrivaient que rarement à présenter des phénomènes bien sérieux, les malades venant le plus souvent réclamer de bonne heure les secours de l'art. C'est ainsi qu'ordinairement, les accès ne se présentent qu'avec une intensité moyenne. Dans une circonstance, cependant, les symptômes inflammatoires acquirent assez de violence pour que la joue devînt le siége d'un abcès. Cet abcès, qui fut ouvert à l'extérieur, donna lieu à une fistule faciale qui ne céda qu'à l'extraction de la dent malade. Cette terminaison est la seule que nous ayons à signaler dans nos dix-huit observations. En général, au contraire, les accidents constituant une crise, après une durée variable que nous avons déterminée plus haut, s'apaisent progressivement pour faire place à un calme plus ou moins complet qui n'est plus troublé que par la sensation douloureuse habituelle de l'*état stationnaire* et la gêne de la mastication. Les accidents se terminent donc ordinairement par résolution; la tuméfaction de la joue disparaît peu à peu, les douleurs névralgiques s'apaisent, la dent semble rentrer dans son alvéole, reprend un peu de solidité, et peut même, dans quelques circonstances rares, recouvrer l'usage de ses fonctions. La gencive, cependant, reste généralement décollée de la surface dentaire, et le pus produit par l'inflammation gingivale continue à baigner le pourtour de la dent, puis le calme fait bientôt suite à un nouvel accès, en général plus violent que le précédent, jusqu'à ce qu'enfin le malade, las de souffrir, réclame l'extraction de la dent cause de tous ces désordres.

Quoi qu'il en soit, les alternatives de calme et de crise douloureuse constituant le caractère dominant de la maladie correspondent à des modifications inhérentes à la tumeur elle-même.

Au début de l'affection, la tumeur conservant un volume stationnaire ou prenant un accroissement progressif très-lent, la douleur reste faible, soit vague, soit localisée dans le point affecté; c'est l'*état stationnaire*. Après un certain temps, la production devient tout à coup le siége d'une congestion qui a pour effet immédiat d'en augmenter rapidement le volume et de développer une *crise*. Alors s'expliquent l'exagération des accidents locaux, la production des phénomènes inflammatoires dans les parties voisines, l'allongement et la déviation de la dent malade; alors aussi surviennent les vives douleurs névralgiques. Ces dernières, qui accompagnent toute altération dentaire dans laquelle les parties molles de l'organe sont intéressées, sont la conséquence naturelle d'une modification apportée dans l'état de la dent malade. En effet, le développement d'une tumeur dans l'alvéole ayant pour effet d'éloigner la surface dentaire de la paroi osseuse, il en résulte un tiraillement et une distension plus ou moins grands, qui, s'exerçant sur la pulpe et les filets nerveux de la dent, déterminent ainsi les névralgies qui occupent soit le trajet des nerfs dentaires, soit celui des ramifications anastomotiques si multipliées de la cinquième paire. Enfin cette congestion, phénomène passager de la maladie, après avoir parcouru ses diverses phases, se termine ordinairement, soit par résolution, ce qui arrive le plus souvent, soit par une hémorrhagie spontanée qui apaise rapidement l'inflammation, ramène la tumeur à son volume primitif, et fait dès lors cesser les accidents.

Ainsi, état de gêne ou de douleur faible permanent, production accidentelle et passagère d'accidents plus sérieux inflammatoires et névralgiques, parfois d'accidents généraux, telles sont en quelques mots les expressions morbides qui caractérisent la présence d'une tumeur du périoste dentaire.

§ V. — DIAGNOSTIC.

Les caractères des tumeurs du périoste dentaire se présentent en général avec une assez grande netteté pour que le diagnostic soit facile à établir. L'état ordinairement sain de la couronne, l'ébranlement et la déviation de la dent, l'altération de la gencive, la suppuration du bord gingival, les douleurs provoquées par la pression ou la percussion sur l'organe affecté, sont des signes qui permettent de soupçonner l'existence de la maladie, et si le sujet a éprouvé en même temps les symptômes spéciaux avec alternatives de calme et de crises, on pourra songer sérieusement à la présence d'une tumeur. Néanmoins, comme plusieurs affections peuvent offrir dans certaines circonstances quelques points de contact avec les tumeurs, et que d'ailleurs presque toutes les questions de pathologie dentaire sont fort peu étudiées et fort peu connues, nous allons jeter un coup d'œil sur les maladies qui pourraient être confondues avec les tumeurs; c'est ainsi que nous passerons en revue la carie dentaire, la la névralgie faciale, la périostite, les abcès sous-périostaux, les tumeurs du cément (1).

(1) Voyez, pour certains détails complémentaires du diagnostic, l'*Appendice*, à la fin du volume.

1° *Carie dentaire.* — Les symptômes propres à la carie dentaire ne sauraient en imposer pour ceux des tumeurs que lorsque ces dernières ont pris naissance sur les racines d'une dent cariée, et que ces deux affections occupent ainsi simultanément le même organe. Dans ces circonstances, il faudra s'enquérir si la carie communique ou non avec la cavité de la pulpe. Si la communication existe, il importe alors de savoir si la pulpe dentaire est conservée ou si elle a disparu. Les symptômes qui accompagnent la carie étant constamment le résultat de l'irritation ou de l'inflammation de cet organe exposé à l'extérieur, nous mettrons d'abord hors de cause les dents qui sont affectées de tumeur et atteintes en même temps de carie soit légère et ne communiquant pas avec la pulpe, soit très-avancée et accompagnée de disparition complète de cet organe. Disons en passant que les dix-huit observations que nous avons recueillies rentrent dans ces deux catégories. Restent donc comme pouvant causer un doute, les dents affectées simultanément de tumeur et de carie communiquant avec la pulpe dentaire conservée. Les symptômes peuvent offrir alors de grandes analogies; ainsi, dans les deux cas, douleur pendant les repas, accidents névralgiques de voisinage reparaissant à des intervalles variés, se produisant avec une intensité parfois très-forte, puis cessant pendant quelque temps pour reparaître sous l'influence d'une nouvelle cause provocatrice. Hâtons-nous d'ajouter cependant que les signes tirés de l'observation directe font bientôt disparaître le doute. Ainsi, dans la carie simple, point d'inflammation de voisinage, point d'altération de la gencive, point de douleur à la pression, point de déviation ni d'ébranlement de la dent, point de suppuration gingivale. La distinction, comme on voit, sera donc possible.

2° *Névralgie faciale.* — La névralgie faciale essentielle se distinguera aisément des accidents produits par les tumeurs, en ce qu'aucune dent ne présentera les symptômes et les signes qui décèlent l'existence de cette affection. Cependant, lorsque les douleurs névralgiques forment le début des symptômes d'une tumeur, quelque embarras pourrait surgir; alors on devra recourir à un moyen qui nous a réussi dans un cas, à savoir au traitement de la névralgie faciale. Ce traitement sera, comme on le pense bien, sans effet sur des accidents provoqués par la présence d'une tumeur, tandis qu'il triomphera ordinairement d'une névralgie faciale simple.

3° *Périostite dentaire.* — L'affection dont les symptômes présentent certainement le plus d'analogie avec les accidents produits par la présence d'une tumeur du périoste est l'inflammation elle-même de cette membrane, ou périostite dentaire, surtout lorsque cette affection est passée à l'état chronique. Nous allons nous arrêter un instant à cette détermination importante.

La périostite aiguë peut affecter soit une dent cariée, soit une dent saine. Lorsqu'elle naît sur une dent saine, elle occupe le plus souvent les dents antérieures et supérieures, et résulte alors d'un traumatisme, d'une transition brusque dans la température de la bouche, etc. Lorsqu'elle occupe une dent cariée, celle-ci peut être en même temps le siége d'une inflammation générale de la pulpe, et la périostite est alors le résultat de l'extension de la phlegmasie; dans le cas au contraire où la dent est absolument privée de sa pulpe, la maladie doit être considérée comme une tentative produite par l'économie pour expulser un organe devenu corps étranger.

Quoi qu'il en soit des conditions de développement de la périostite aiguë, cette affection se distinguera sans trop de difficulté d'une tumeur du périoste. Les symptômes cependant offrent parfois certaines ressemblances; ainsi, à part l'invasion des douleurs, qui est lente et progressive dans les tumeurs, brusque et inattendue dans la périostite aiguë, ils se présentent avec les mêmes caractères; de même que dans les tumeurs les douleurs son continues, lancinantes, accompagnées souvent de phénomènes inflammatoires de voisinage, d'accidents névralgiques, parfois d'accidents généraux. Leur marche est lente et graduelle dans ces deux cas, et leur terminaison peut s'effectuer par résolution des accidents inflammatoires. Il est utile de remarquer toutefois que les phénomènes sérieux qui résultent de la présence d'une tumeur et qui constituent ce que nous avons appelé les crises, surviennent toujours au milieu d'un état douloureux habituel, circonstance qui ne se rencontre pas pour la périostite aiguë, dont l'apparition est subite. Cette particularité servirait au besoin de caractère distinctif, mais les signes tirés de l'examen de la bouche suffiront à cette détermination. En effet, dans la périostite aiguë la dent ne présente ni l'ébranlement considérable, ni la déviation plus ou moins prononcée de l'organe, ni l'état fongueux de la gencive, ni la suppuration gingivale des tumeurs. Ainsi donc, il sera facile dans la plupart des cas de distinguer la périostite aiguë de l'affection qui nous occupe. Il n'en sera pas de même de la périostite chronique, ainsi que nous allons le voir.

La périostite chronique, suite habituelle de la périostite aiguë, est caractérisée anatomiquement par les lésions ordinaires de l'inflammation qu'il nous paraît inutile de rappeler ici ; elle occupe presque exclusivement les dents profondément cariées et dans lesquelles la pulpe dentaire a complétement disparu. Cette première circonstance permet une distinction facile pour les cas très-fréquents de dents soupçonnées de tumeurs et exemptes de carie. Quant à celles qui sont simultanément le siége d'une carie profonde et d'une périostite chronique, elles offrent avec les tumeurs de grandes analogies de symptômes. Ainsi, les douleurs sont continues, accompagnées d'élancements, de phénomènes nerveux, d'accidents inflammatoires de voisinage, de tuméfaction et décollement de la gencive, d'ébranlement et parfois de déviation de la dent, d'abcès du bord gingival souvent suivi de fistule permanente, etc. De plus, la périostite chronique est sujette à présenter certaines périodes de retour à l'état aigu, périodes qui simulent parfaitement les crises qu'occasionnent les tumeurs du périoste. Lors donc qu'une dent affectée de carie avec disparition de la pulpe présentera les phénomènes que nous venons de signaler, le diagnostic pourra rester très-difficile. Ajoutons cependant que dans de telles circonstances la conduite du chirurgien ne sera nullement influencée, le traitement consistant invariablement, pour les deux cas, dans l'extraction de l'organe malade. Disons enfin que l'anatomie pathologique de la périostite chronique est très-différente des altérations des tumeurs : dans le premier cas, le périoste est ramolli, offrant quelquefois un certain épaississement, mais plus ou moins généralisé dans toute la membrane, qui est injectée ou imprégnée de pus, quelquefois décollée. Dans les tumeurs, au contraire, l'altération est limitée à un point du périoste, et les caractères histologiques, d'ailleurs, sont très-différents, dans les modifications organiques des tumeurs, de ceux qu'on observe dans les productions inflammatoires de la périostite.

Il est encore une affection très-voisine, par ses caractères, de la périostite chronique, et qui a reçu de M. le docteur Toirac, qui l'a particulièrement étudiée, le nom de pyorrhée inter-alvéolo-dentaire. Nous l'avons étudiée nous-même sous le nom d'*ostéo-périostite alvéolo-dentaire*. (Voir plus loin notre second mémoire.) Elle affecte de préférence les dents antéro-inférieures, et paraît caractérisée anatomiquement par une disparition complète de la paroi osseuse alvéolaire, accompagnée d'une fonte purulente du périoste dentaire. Quant à ses symptômes, ils consistent en des douleurs continues, faibles, sans accidents inflammatoires de voisinage, sans phénomènes névralgiques, et leur marche uniforme et progressive ne présente pas les alternatives de crise et de calme que nous avons reconnues aux tumeurs. Cette affection, due à un certain nombre de causes variées, est facile à distinguer en raison de son siége et de ses caractères.

4° *Abcès sous-périostaux.* — Ces abcès sous-périostaux des

racines, plus connus sous le nom de *kystes purulents des racines*, ont été peu étudiés. Nous en avons observé un certain nombre d'exemples que nous avons toujours rencontrés au sommet des racines des dents profondément cariées (1). Les dents antéro-supérieures paraissent en être plus souvent le siége que les autres. Ces productions, qui reconnaissent une origine essentiellement inflammatoire, succèdent ordinairement à une périostite partielle limitée au sommet de la racine. L'étude de leur structure, faite dans trois cas par M. Ch. Robin, a fourni les indications suivantes : La masse est globuleuse, molle, s'écrasant facilement et laissant sourdre un liquide purulent. Elle est formée d'une enveloppe fibreuse représentée par le périoste lui-même, un peu épaissi et soulevé de la surface du cément par le pus accumulé au-dessous de lui. Quant aux symptômes, ils présentent, il est vrai, quelques analogies avec ceux des tumeurs, mais les signes suffiront ordinairement à établir la distinction. Ainsi, dans le cas d'abcès sous-périostique des racines, on n'observe ni altération de la gencive, ni suppuration du bord alvéolaire, et l'ébranlement de la dent, lorsqu'il existe, est très-faible et ne s'accompagne pas de déviation de l'organe.

5° *Tumeurs dures des racines.* — Ces tumeurs, qui sont assez rares, sont ordinairement formées par des exostoses du cément qui revêt la surface des racines. Elles ont pour caractère particulier de se développer avec une extrême lenteur, et, comme leur marche est régulièrement progressive, leurs symptômes, au lieu de présenter les alternatives de calme et d'aggravation qui sont le propre des tumeurs molles, sont remarquables au contraire par leur persistance au même degré. De plus, la dent, loin de présenter de l'ébranlement, reste fixée très-solidement à la mâchoire. Enfin, aucun signe ne se produit du côté de la gencive, de sorte que presque toujours le diagnostic nous paraît facile.

(1) Voyez l'*Appendice*, note C.

§ VI. — TRAITEMENT.

Nous introduirons dans les courtes considérations relatives au traitement une division nécessaire ; en effet, le traitement pourra être palliatif ou curatif. L'affection étant par nature incurable radicalement par les ressources thérapeutiques ordinaires, les malades seront presque invariablement conduits par les progrès de la maladie à demander l'extraction de la dent affectée. Mais si cependant une circonstance spéciale ou la volonté du sujet s'opposent à l'extraction , on devra entreprendre le traitement des symptômes.

Le traitement palliatif, s'adressant presque toujours aux accidents constituant une crise, devra consister dans l'emploi, selon les cas, des émollients, des saignées locales, scarifications ou sangsues, des révulsifs, divers moyens pouvant produire la cessation plus rapide de la crise, et ramener *l'état stationnaire*, ordinairement très supportable.

Le traitement curatif consiste, comme on le pense bien, dans l'extraction de la dent, seul moyen qui permette une guérison radicale. Cette extraction est ordinairement très-facile, car la dent est toujours plus ou moins ébranlée ; mais comme l'opération s'effectue en général pendant une période de crise qui amène le malade chez le chirurgien, elle s'accompagne d'une douleur généralement assez vive et pouvant même devenir très-intense dans le cas, par exemple, de dent dépourvue de carie et ayant conservé sa pulpe et ses filets nerveux. L'opération donne lieu également, dans la plupart des cas, à une hémorrhagie beaucoup plus considérable que dans les avulsions ordinaires. Cette particularité tient à l'état de congestion plus ou moins prononcée de la tumeur et des parties ambiantes coïncidant avec la crise.

Il est donc du devoir du chirurgien consulté, après constatation des symptômes et détermination précise du diagnostic, d'engager les malades à faire cesser, par l'extraction de la dent, la série des phénomènes morbides qu'occasionne une tumeur du périoste, dont la présence peut entraîner par la suite des accidents sérieux, tels que ceux que nous avons signalés dans le cours de cette description.

OBSERVATIONS.

I. — TUMEURS FIBREUSES.

(Planche, fig. 1re.)

Observation 1re. — *Tumeur fibreuse développée sur les racines d'une première molaire inférieure gauche* (26 janvier 1858) [fig. 1re]. — Le nommé B., ébéniste, âgé de vingt-six ans, d'une excellente constitution, avait éprouvé, il y a plusieurs années, des douleurs provenant de la première grosse molaire inférieure gauche, qui, à cette époque, était cariée. Aucun traitement ne fut dirigé contre cette dent, qui devint cependant peu à peu complétement insensible.

Il y a environ un an, quelques douleurs reparurent sur le même point, mais le sujet fait remarquer que ces nouvelles douleurs avaient un caractère très-différent des premières, ressenties quelques années auparavant, et qui, d'après les renseignements du malade, paraissaient dues à une carie dentaire simple. Au contraire, les douleurs apparues depuis un an étaient légères, sourdes, assez vagues, mais s'irradiant parfois dans l'oreille et la tempe correspondantes et disparaissant rapidement pour se reproduire de temps en temps sans époques déterminées, avec les mêmes caractères de bénignité. Cet état était d'ailleurs très-supportable, lorsque, il y a trois mois, sans aucune cause provocatrice appréciable, une sensation douloureuse reparut subitement au niveau de la dent en question ; mais cette fois la douleur, au lieu de diminuer, augmenta progressivement et revêtit des caractères spéciaux : elle était continue, tensive, s'exaspérant par les efforts de la mastication et s'irradiant dans toute la face et particulièrement dans la tempe et l'oreille. On conseilla alors au malade l'emploi de médicaments opiacés appliqués localement, et les accidents, après une durée de six jours, disparurent entièrement.

Vers la même époque, la première grosse molaire inférieure droite se caria, donna lieu à des accidents qui nous ont paru caractéristiques de l'inflammation aiguë de la pulpe dentaire, et fut extraite; cette dent, que le malade a conservé, ne présente aucune trace d'altération des racines. Néanmoins cette particularité offre un certain intérêt, car l'extraction de cette dent obligea naturellement le malade à manger du côté opposé, c'est-à-dire du côté de la tumeur, circonstance qui ramena les accidents.

C'est ainsi que, depuis le premier accès, le sujet en a éprouvé successivement trois autres à des intervalles variant de quinze jours à un mois. Ces accès, identiques au premier, duraient de quatre à huit jours, pendant lesquels la gencive se tuméfiait légèrement, la dent paraissait plus longue et dépassait réellement le niveau des voisines; les douleurs s'irradiaient constamment dans l'oreille et la tempe, et la mastication devenait impossible. Il y a trois semaines, un accès parut, qui fut plus intense que les autres et se termina après une durée de huit jours par un petit abcès sur le bord gingival externe au niveau de la dent malade. Cet abcès s'ouvrit spontanément.

Enfin ce matin même, à dix heures, le malade éprouva subitement une vive douleur identique à celles qui naissent d'ordinaire au début des accès, et cette fois, sans attendre plus longtemps, il vint me consulter.

État actuel. — La bouche du malade est garnie de dents bien conformées et implantées solidement; une seule manque, celle qui fut extraite il y a trois mois; la première grosse molaire inférieure gauche dépasse de un à deux millimètres le niveau des autres; elle est chancelante et douloureuse au moindre choc. La gencive, au niveau de la dent malade, est déprimée, décollée de la surface dentaire, et son bord livide est découpé en dentelures inégales; la pression sur cette gencive est douloureuse. La dent est profondément cariée dans sa face postérieure, mais la cavité de la carie explorée avec un stylet est complétement insensible; tout le collet de la dent est entouré par un liquide blanc purulent qui baigne le bord gingival : la joue n'est pas tuméfiée.

Je diagnostique une tumeur du périoste. Je procède alors à l'extraction, que le malade réclame énergiquement. Cette opération s'effectue très-facilement au moyen du davier, mais elle est accompagnée et suivie d'une douleur extrêmement vive, avec reproduction des irradiations douloureuses de la tempe et de l'oreille.

Le malade a pu être retrouvé un an après l'opération; la guérison s'est maintenue.

Anatomie pathologique. — La carie que présente la dent extraite a envahi complétement la cavité de la pulpe, et cet organe a entièrement disparu : une section faite verticalement dans la racine postérieure a montré que les faisceaux vasculo-nerveux des racines ont également disparu.

Tout l'intervalle qui sépare les racines est rempli par une tumeur qui dépasse de chaque côté les limites de la dent et principalement en dehors où la saillie est plus prononcée (fig. 1). Le volume de cette production peut être évaluée à celui d'une grosse fève; sa forme est celle de l'intervalle des racines, c'est-à-dire qu'elle est ovoïde. La tumeur cependant n'est pas limitée exactement, mais elle semble se propager un peu à toute la face antérieure des racines, que recouvre un périoste déchiré et flottant en lambeaux. La couleur de la tumeur est blanchâtre, mais sur le sommet des racines on rencontre des plaques d'un rouge vif, qui décèlent des traces d'inflammation localisée. Quant à la face postérieure des racines, le périoste qui la recouvre paraît très-sain.

Examen microscopique (M. Ch. Robin, 27 janvier). — La tumeur se compose dans sa totalité d'une trame lamineuse assez lâche avec une assez grande quantité de matière amorphe interposée et imprégnée d'une certaine quantité de pus. On rencontre dans la tumeur un certain nombre de noyaux embryoplastiques et de corps fusiformes; on y trouve aussi quelques cytoblastions et un nombre considérable de vaisseaux capillaires abondant surtout vers le sommet des racines dans le point où la tumeur présente une forte injection.

Observation 2e. — *Tumeur fibreuse développée sur les racines d'une première grosse molaire supérieure droite cariée* (13 février 1858). — Le jeune Eugène R..., âgé de treize ans, d'une bonne constitution, a souffert, il y a trois ou quatre ans, de la première molaire supérieure droite, qui était cariée, et les symptômes éprouvés à cette époque paraissent, d'après les renseignements recueillis auprès de la mère, ressembler parfaitement à ceux qui accompagnent d'ordinaire cette affection. Néanmoins ces accidents avaient complétement disparu depuis à peu près une année, lorsque, il y a deux ans, de nouvelles douleurs reparurent, mais cette fois avec des caractères bien différents. C'était d'abord une douleur sourde, siégeant profondément dans le maxillaire supérieur, s'exaspérant pendant la mastication, et paraissant localisée dans le point correspondant aux racines de la première molaire de ce côté. D'abord vagues et sourdes, ces douleurs constituaient plutôt une gêne qu'une véritable souffrance, et l'enfant en était réduit à manger du côté opposé pour éviter sur cette dent les chocs qui ramenaient les douleurs.

Il y a six mois, les symptômes acquirent une certaine intensité; la douleur apparut continue, lancinante, devenant très-vive au moindre choc, sans cependant s'irradier aux régions voisines, comme cela se rencontre ordinairement. La joue se tuméfia notablement, et la dent parut à l'enfant très-manifestement allongée. Quelques accidents généraux survinrent : céphalalgie, léger mouvement fébrile, inappétence; puis tout se dissipa après une huitaine de jours de durée.

Quelques mois après les premiers accidents dont nous venons de parler, et alors qu'il ne restait plus qu'une certaine gêne de la mastication et une légère tuméfaction de la joue, un nouvel accès se montra, identique au précédent, et se dissipa au bout de quelques jours. Après un nouvel intervalle de deux mois il en survint un troisième, et enfin il y a quatre jours, environ un mois après la cessation du précédent, une quatrième atteinte se montra avec les mêmes caractères. L'enfant se présenta alors à ma consultation.

État actuel. — La joue droite présente une tuméfaction très-notable dont le centre répond au niveau du maxillaire supérieur. Pas de rougeur à la peau, mais sensation douloureuse profonde à la pression du doigt. La première molaire supérieure droite est le siége, dans le sens de sa face triturante, d'une carie dont le fond communique à la cavité de la pulpe, où cet organe a entièrement disparu. Cette carie n'est par conséquent nullement sensible. La dent, fortement ébranlée, dépasse le niveau des voisines. La percussion y provoque une douleur vive que le malade rapporte très-bien à la profondeur de l'alvéole; la gencive est décollée du pourtour de la dent; elle est livide, et présente même à la partie interne plusieurs petites ulcérations à fond rouge et granuleux.

Je diagnostique une tumeur du périoste et procède à l'extraction de la dent. Cette opération se fait facilement, la douleur n'est pas extrêmement vive, et il se fait par la plaie un écoulement sanguin très-considérable.

Le malade n'a pu être retrouvé.

Anatomie pathologique. — La dent offre une teinte blanc jaunâtre opaque; on ne retrouve dans la carie aucune trace de la pulpe ni des filets nerveux et vasculaires des racines. La racine interne présente à son sommet une tumeur molle décollée, pendant l'opération, de la surface dentaire. Son volume peut être évalué à celui d'une petite noisette, et elle se prolonge un peu vers la face externe de cette racine, dans l'angle que forme celle-ci avec les racines externes; sa couleur est rouge et decèle dans sa masse une grande quantité de sang; le reste de la membrane périostale présente dans toute son étendue un épaississement qui indique un certain état inflammatoire ou peut-être une participation à l'affection organique locale.

Examen microscopique (M. Ch. Robin, 13 février). — Trame fibreuse assez dense, imprégnée de pus dans certains points, et parcourue par un très-grand nombre de vaisseaux, Toute la surface de la tumeur est couverte d'une couche de cellules épithéliales volumineuses, sphériques ou pavimenteuses, à un ou deux noyaux.

OBSERVATION 3e. — *Tumeur fibreuse développée sur une deuxième grosse molaire inférieure gauche.* — Mme G., âgée de 38 ans, d'une excellente constitution, n'a perdu encore aucune de ses dents. Elle commença à ressentir, il y a cinq mois, une douleur sourde continue au niveau de la deuxième grosse molaire inférieure gauche, qui cependant paraissait exempte de carie. Cette douleur était faible, s'irradiait d'un côté de la face, et particulièrement dans l'oreille correspondante, où elle déterminait même de légers bourdonnements; en même temps la dent sembla s'allonger, et ne permit plus l'exercice de la mastication du côté malade. Les accidents se dissipèrent au bout de quatre ou cinq jours de durée et ne laissèrent aucune trace. Environ un mois après ils reparurent avec les mêmes caractères; mais cette fois les bourdonnements d'oreille amenèrent un peu de surdité. Une légère fluxion vint compliquer ce nouvel accès, qui se termina comme le précédent, après une durée de cinq ou six jours, ne laissant après lui qu'un peu de gêne dans la mastication. Depuis ce deuxième accès, il en survint plusieurs autres à des intervalles de quinze jours environ, caractérisés par les mêmes phénomènes et paraissant augmenter d'intensité à chaque nouvelle atteinte. Enfin, il y a trois jours, un dernier accès survint qui prit une intensité insolite jusqu'alors, si bien que la malade, habituée jusqu'à présent à laisser passer les accidents, qui faisaient place à un calme presque complet, ne se sentit plus cette fois le courage de le supporter, et vint me consulter, me demandant l'extraction de la dent malade.

État actuel. — La joue est assez fortement tuméfiée et douloureuse à la pression, avec un peu de rougeur à la peau. La bouche ne peut s'ouvrir aussi complétement qu'à l'état normal; les dents sont toutes exemptes de carie; la deuxième grosse molaire inférieure gauche dépasse un peu le niveau des autres; elle est un peu déviée de sa direction normale, et se dirige en dehors; elle est fortement ébranlée; la gencive est déprimée, rouge et épaissie, décollée de la surface dentaire, qui est couverte d'une légère couche de tartre. Les moindres mouvements imprimés à la dent sont douloureux, et la percussion verticale n'est pas tolérable; la dent ne présente sur sa couronne aucune altération, et l'exploration des racines, en partie mises à nu au moyen d'un stylet, rencontre dans l'intervalle qui les sépare un point douloureux qui saigne au moindre contact.

Je diagnostique une tumeur du périoste et procède à l'extraction de la dent; opération très-facile qui est suivie d'une hémorrhagie assez abondante.

Trois mois après, la guérison était restée complète.

Anatomie pathologique. — Le périoste semble être le siége d'une sorte d'épaississement dans une grande étendue de sa surface, surtout vers le sommet des racines. Dans l'intervalle de ces dernières, au sommet de l'angle rentrant qu'elles forment, se rencontre une production molle rougeâtre qui dépasse un peu en dehors le niveau de la dent; son volume est comparable à celui d'un gros pois, sa consistance est molle, et sa surface, inégale, présente dans certains points une teinte rouge qui décèle une injection partielle du tissu. La dent ne présente aucune trace de carie.

Examen microscopique (M. Ch. Robin, 2 juin). — La tumeur se compose d'une trame fibreuse simple plus ou moins serrée, suivant le point où on l'observe, et parcourue par de nombreux capillaires. On rencontre aussi dans la masse quelques rares noyaux fibro-plastiques, et des leucocytes du pus assez nombreux.

II. — TUMEURS FIBRO-PLASTIQUES.

(Planche, fig. 2e.)

OBSERVATION 4e. — *Tumeur fibro-plastique développée sur la face antérieure des racines d'une deuxième petite molaire supérieure droite* (2 mai 1858 [fig. 2]. — Mme B., âgée de trente-cinq ans, d'une bonne constitution, commença à ressentir, il y a trois mois, quelques douleurs dans le côté droit de la mâchoire supérieure. Ces douleurs, sans être bien vives, étaient continuelles, profondes, caractérisées au début de la maladie par une sensation de *déchirement*, accompagnée parfois d'élancements. Elles ne présentaient pas d'exaspérations ou crises, et constituaient un état douloureux permanent avec irradiations nerveuses passagères dans tout le côté de la face et remontant même jusqu'au sommet de la tête.

Au bout d'un mois et demi de gêne continuelle, la malade se décida à consulter un dentiste. Ce praticien constata dans le côté droit de la mâchoire supérieure plusieurs racines de grosses molaires auxquelles il crut devoir attribuer les symptômes observés. Ces racines n'étaient nullement douloureuses ni ébranlées; leur extraction fut faite, et les douleurs persistèrent avec les mêmes caractères et la même intensité. A cette époque, c'est-à-dire il y a six semaines, la malade remarque que la deuxième bicuspidée supérieure droite était manifestement ébranlée et ne pouvait supporter sans douleur le moindre effort de mastication. Elle songea dès lors à reporter ses souffrances à cette dernière dent et vint me consulter.

État actuel (2 mai 1858). — Les grosses molaires supérieures droites ont entièrement disparu; les dents antérieures correspondantes sont saines.

La deuxième bicuspidée paraît également parfaitement saine; néanmoins elle est fortement ébranlée, dépasse le niveau des voisines, et est douloureuse au moindre mouvement qu'on lui imprime, et particulièrement aux chocs verticaux tendant à la faire rentrer dans son alvéole, au milieu duquel la dent flotte isolée, ne paraissant adhérer à la mâchoire que par les parties les plus profondes. La gencive, décollée de la surface dentaire, présente son bord libre irrégulier, granuleux, et couvert d'un liquide purulent et fétide. Une tuméfaction légère de la joue se remarque au niveau de la dent affectée.

Diagnostic. — Tumeur du périoste dentaire.

L'extraction de la dent malade est suivie d'une hémorrhagie abondante. — La malade, revue cinq mois après, est restée guérie.

Anatomie pathologique. — Pas de carie; la face antérieure des racines de la dent est le siége d'une production molle blanchâtre, à surface inégale, occupant à peu près le milieu de cette région et se prolongeant un peu vers le bord interne. Cette production, d'un volume comparable à celui d'une petite fève, est aplatie sur la surface dentaire et adhère intimement au périoste par sa face profonde.

Examen microscopique (M. Ch. Robin, 2 mai 1858) [fig. 2, *a*, *b*]. — Le tissu de la tumeur se compose d'une trame fibreuse simple remplie de pus, et contenant dans tous les points des amas considérables de noyaux fibro-plastiques inclus au sein de la trame lamineuse, qui est assez serrée, et dont la dilacération sous le microscope présente quelque difficulté.

OBSERVATION 5e. — *Tumeur fibro-plastique développée sur les racines d'une première grosse molaire supérieure gauche* (30 juillet 1858). — Mme X., âgée de cinquante-deux ans, d'une très-bonne constitution, n'a perdu que trois dents, qui ont été détruites par la carie. Elle est d'une bonne santé habituelle, elle n'est plus réglée. Il y a six mois environ, elle commença à éprouver à Nice, qu'elle habitait à cette époque, une gêne dans la mastication du côté gauche de la mâchoire supérieure, qui devint quelque temps après le siége d'une légère douleur permanente localisée au niveau de la première grosse molaire. Cette sensation douloureuse, ordinairement faible, augmentait passagèrement de temps en temps, mais l'exaspération ne durait que quelques jours et faisait place à l'état de gêne habituel dont le principal inconvénient était d'empêcher la mastication du côté correspondant. Cependant, il y a trois mois les accidents redoublèrent : la douleur locale augmenta et devint permanente, le moindre contact développait sur la dent affectée de vives souffrances; des douleurs névralgiques apparurent dans le côté correspondant de la face; la dent parut ébranlée et comme allongée hors de son alvéole; la joue cependant ne présenta pas de tuméfaction, et les symptômes, après une durée de cinq à six jours, disparurent complétement. Après ce premier accès, Mme X. en eut un second semblable au premier et survenu il y a environ deux mois, un mois après le premier par conséquent; ce second accès se passa comme le précédent, et la malade ne ressentait plus depuis cette époque aucun phénomène sérieux lorsque, il y a dix jours, les accidents reparurent et s'accompagnèrent cette fois de la production d'un abcès à la face interne du bord alvéolaire supérieur au niveau de la dent malade. Cet abcès, qui prit en quelques jours le volume d'une petite noix, fut incisé par un dentiste de la province, qui ne crut pas cependant devoir extraire la dent, et attribua à l'abcès l'apparition des accidents concomitants. Depuis ce moment, les douleurs devinrent extrêmement vives, presque intolérables.

État actuel (30 juillet). — Mme X. a conservé toutes ses dents supérieures gauches. A l'inspection de la mâchoire, aucune de ses dents ne paraît cariée; cependant la sonde, après une exploration attentive, rencontre à la face postérieure de la première grosse molaire une carie peu étendue et absolument insensible. Tout le bord gingival de ce côté, depuis la canine jusqu'au fond de la bouche, est rouge, livide, tuméfié; les parties de gencives intermédiaires aux dents sont allongées, fongueuses et flottantes; cet état est surtout très-prononcé au niveau de la première grosse molaire. Sur ce point, la gencive semble avoir abandonné complétement la dent; elle est déprimée beaucoup au-dessus du collet, auquel elle adhérait normalement. A la partie interne du bord alvéolaire, on rencontre l'ouverture de l'abcès, qui donne constamment, depuis cette époque, issue à du pus. La dent est fortement allongée hors de l'alvéole, et son niveau dépasse de plusieurs millimètres celui des dents voisines; elle est très-ébranlée, et le moindre attouchement est intolérable; tout son pourtour baigne dans un liquide purulent; la joue ne présente aucun gonflement. L'extraction est opérée, et la malade, revue après une année, est restée guérie.

Anatomie pathologique. — La dent présente à sa face postérieure, au niveau du collet, une petite carie ne communiquant pas avec la cavité de la pulpe; la tumeur occupe une grande partie de l'étendue du périoste; elle semble avoir pris naissance dans l'intervalle des racines, qu'elle remplit entièrement. De ce point, elle se divise d'une part en avant, où elle fait saillie dans l'intervalle des racines, puis en dehors, où elle dépasse également le niveau de la dent; de là elle se prolonge sur la face postérieure de l'organe, au-dessus de la carie; son volume total peut approcher de celui d'une petite amande; sa couleur est blanc rosé, sa consistance assez ferme.

Examen microscopique (M. Ch. Robin, 30 juillet 1858). — Le tissu de la tumeur se compose d'une trame de fibres lamineuses accompagnées de vaisseaux capillaires assez nombreux. Ces fibres, disposées en nappes plutôt qu'en faisceaux, sont accompagnées d'une quantité considérable de matière amorphe finement granuleuse. Au sein de cette matière amorphe se rencontrent par place d'assez nombreuses gouttes d'huile d'un diamètre variant de 0mm.001 à 0mm.015; on trouve aussi des noyaux embryoplastiques épars dans la matière amorphe ou dans l'intervalle des fibres lamineuses.

OBSERVATION 6e. — *Tumeur fibro-plastique développée sur les racines d'une dent de sagesse inférieure droite* (17 novembre 1857). — M. X., âgé de cinquante cinq ans, a perdu un grand nombre de ses dents, particulièrement des molaires. Si l'on s'en rapporte aux assertions du malade, quelques-unes de celles-ci ont été frappées de carie; mais plusieurs autres ont dû être enlevées, bien qu'elles ne présentassent aucune atteinte de cette maladie. Néanmoins les symptômes éprouvés dans ces derniers cas n'ont pu être suffisamment précisés pour éclairer sur la véritable nature de la maladie qui a déterminé leur extraction, opération qui remonte d'ailleurs à deux années.

Il y a environ un an que M. X. commença à éprouver, dans le côté droit de la mâchoire inférieure, des douleurs vagues et sans siége précis. C'était, à cette époque, comme une sorte de sensation sourde, état de gêne plutôt que douleur véritable. Les dents molaires supérieures du même côté ayant été enlévées, la mastication y était devenue depuis longtemps impossible, et les dents inférieures étaient ainsi soustraites au choc des supérieures, circonstance qui eût pu mettre sur la voie du siége exact de l'affection; cependant M. X. crut remarquer que, sous l'influence de certains chocs pendant les repas, la dent de sagesse inférieure droite était douloureuse.

Les symptômes éprouvés par le malade avaient le caractère d'accès revenant assez régulièrement tous les mois, durant quatre ou cinq jours environ, et consistant dans les phénomènes suivants : Douleurs névralgiques intermittentes siégeant au niveau de la dent malade et s'irradiant dans l'oreille, la face, l'œil et la partie supérieure du cou du même côté; ces douleurs, qui parfois s'étendaient même jusqu'au sommet de la tête, augmentaient d'abord pendant les premiers jours d'accès, puis diminuaient peu à peu pour faire place à la gêne habituelle, et reparaissaient environ un mois après avec les mêmes caractères. Il est utile de remarquer que M. X. n'avait jamais éprouvé de douleurs névralgiques avant l'invasion de la maladie actuelle, et que, bien qu'il attribuât à sa dent de sagesse inférieure les symptômes éprouvés, ceux-ci n'avaient pas acquis une telle intensité que le malade se décidât à en faire le sacrifice, lorsque, il y a trois jours, les douleurs reparurent avec une intensité supérieure à celle des accès précédents. Le malade vint alors réclamer l'extraction de la dent cause présumée des accidents.

État actuel (17 novembre 1857). — La mâchoire supérieure est, du côté droit, entièrement privée de dents à partir de la deuxième petite molaire inclusivement jusqu'au fond; néanmoins quelques racines de la première grosse molaire subsistent, mais exemptes de toute sensibilité.

Les dents inférieures sont bien conformées et saines : la dent de sagesse, d'un volume peu considérable, dépasse notablement le niveau des autres; elle chancelle considérablement et devient douloureuse au moindre mouvement qu'on lui imprime. La gencive qui l'entoure est fongueuse et affaissée, et une matière puriforme et fétide baigne en ce point la base de la dent; cette dernière présente à son collet, en dehors, une carie peu profonde et tout à fait insensible à l'exploration par le stylet.

Je diagnostique une tumeur du périoste, et procède à l'extraction de la dent malade; cette opération s'effectue très-facilement et donne lieu à une hémorrhagie assez considérable.

Le malade n'a pas été retrouvé.

Anatomie pathologique. — La couronne de la dent est parfaitement saine. A la face externe de l'organe, au niveau du collet, on constate la présence d'une carie molle peu profonde, ne présentant aucune communication avec la cavité de la pulpe, et n'ayant pu, par suite, devenir le siége d'aucune douleur ni la cause des accidents éprouvés.

Les racines forment par leur convergence un cône dont le sommet se dirige en arrière; c'est sur ce sommet que siége la tumeur; cette production entoure exactement le sommet des racines et se prolonge sur les faces latérales de la dent, dans un étroit intervalle ménagé au milieu du faisceau des racines; son volume peut être évalué à celui d'une petite noisette; sa consistance est molle, et sa couleur blanchâtre.

Examen microscopique (M. Ch. Robin, 18 novembre 1857). — Trame de tissu lamineux avec matière amorphe interposée et remplie de noyaux embryoplastiques. La tumeur contient aussi un certain nombre de leucocytes du pus, la plupart granuleux par place, doublés ou triplés de volume et remplis de grosses granulations. On trouve aussi quelques cytoblastions et quelques myéloplaxes. Pas de cellules épithéliales, ni à la surface, ni dans la profondeur.

Observation 7e. — *Tumeur fibro-plastique développée sur les racines d'une première grosse molaire supérieure droite* (27 juin 1858). — M. J., âgé de cinquante-six ans, d'une excellente constitution, ressentit, il y a environ deux ans, les premières atteintes de la maladie actuelle.

A cette époque, apparurent des douleurs sourdes siégeant au niveau de la première grosse molaire supérieure droite, accompagnées d'un peu d'allongement de la dent, d'une légère douleur pendant la mastication et d'une tuméfaction notable de la joue. Ces accidents, d'ailleurs très-faibles, ne préoccupaient nullement le malade; leur durée était de quelques jours, et ils disparaissaient entièrement. Alors la mastication, devenue pendant peu de temps difficile et douloureuse, se rétablissait comme par le passé; seulement, vers la fin de l'accès, le malade remarquait que, sous la pression du doigt sur le point externe de la gencive correspondant à la dent malade, il s'échappait un peu de pus paraissant provenir d'un petit abcès gingival.

Depuis cette époque, M. J. a ressenti les mêmes symptômes à des intervalles d'environ trois mois. Leur intensité, leur durée, étaient les mêmes, et leur terminaison aboutissait à une légère collection purulente que la pression du doigt suffisait à vider pour permettre ensuite le rétablissement complet des fonctions dentaires suspendues pendant l'accès.

Néanmoins le retour multiplié des fluxions avait produit dans la profondeur de la joue un noyau d'induration plastique persistant, autour duquel se groupaient les éléments inflammatoires des fluxions subséquentes.

Enfin, il y a dix jours, un nouvel accès se déclara. La joue se tuméfia considérablement; mais, chose remarquable, la dent conserva cette fois une immobilité et une insensibilité absolues, si bien que le malade affirme que la mastication est restée possible sur cette dent. En même temps M J. constata qu'il lui était impossible d'exprimer de de la gencive la petite collection purulente qui s'y accumulait régulièrement aux accès précédents. Cette fois donc tous les accidents semblaient se résumer au flegmon de la joue, qui prenait une extension croissante et qui s'accompagna bientôt de quelques accidents généraux. C'est ainsi que dans les jours qui suivirent, M. J. éprouva de la fièvre avec exacerbation le soir, de la céphalalgie, de l'agitation nocturne et de l'insomnie.

Enfin, le 27 juin 1858, M. J. vint me consulter.

Etat actuel. — La joue droite est fortement tuméfiée, et le centre de la tuméfaction paraît correspondre à la partie moyenne du maxillaire supérieur. Ce centre est fluctuant.

État des dents supérieures. — Incisives droites parfaitement saines. Canine et première petite molaire réduites à l'état de racines depuis un grand nombre d'années, et nullement douloureuses. La deuxième petite molaire manque : elle a été extraite il y a trente ans à la suite d'une violente fluxion; la première grosse molaire, parfaitement développée, ne présente dans sa couronne aucune altération visible; elle est tout à fait immobile, nullement allongée; la pression des arcades dentaires et la percussion directe n'y déterminent aucune douleur; la deuxième grosse molaire est le siége d'une petite carie centrale qui n'a jamais donné lieu à aucune douleur, et qui du reste est obturée depuis trois ans. La dent de sagesse n'a pas paru. La gencive qui recouvre la partie interne des dents ne présente aucune altération; quant à la gencive externe, le peu d'écartement possible des arcades dentaires ne permet pas de les apercevoir; elle n'est d'ailleurs le siége d'aucune douleur, ni spontanée, ni provoquée.

Je pratique au moyen d'un bistouri une incision au centre du foyer extérieur, et l'ouverture donne issue à une quantité assez considérable d'un pus de bonne nature et nullement fétide. Par l'ouverture pratiquée, j'explore la cavité, et le stylet, après quelques hésitations, parvient sur une surface assez étendue de substance osseuse ou dentaire mise à nu. Les frottements et la percussion opérés sur ce point permettent au malade d'affirmer que la surface touchée correspond à la première grosse molaire. D'ailleurs, un doigt introduit dans la bouche laisse facilement percevoir sur cette dent la sensation du choc extérieur.

Quelques brins de charpie sont maintenus entre les bords de la plaie extérieure, et des cataplasmes sont appliqués sur la joue. — Le jeudi 1er juillet, l'écoulement purulent, dont la quantité a diminué, est cependant resté continu.

Un nouvel examen de la bouche permet de constater de nouveau l'indolence absolue des chicots et des dents du maxillaire supérieur droit. Je déclare au malade l'importance du sacrifice de la première grosse molaire. M. J. s'y refuse et demande à attendre; il me prie en outre de lui extraire la racine de première petite molaire assez voisine de la précédente, espérant que son ablation entraînera quelque amendement. Je consens à cette opération, et la racine, examinée, ne présente aucune altération de nature à expliquer les symptômes éprouvés.

3 juillet. Persistance de l'écoulement purulent au même degré par l'ouverture pratiquée à la joue.

6 juillet. L'état est le même; une nouvelle exploration du trajet fistuleux permet encore au stylet de rencontrer une surface dénudée, correspondant toujours à la première grosse molaire, dont le malade se décide enfin à subir l'extraction.

Cette opération s'effectue très-simplement. L'extraction faite, le stylet introduit de nouveau dans la fistule ne parvient plus à retrouver la surface dénudée.

10 juillet. La guérison est complète : l'orifice fistuleux est oblitéré, et la tuméfaction est en voie décroissante.

Le malade est revu dix mois après l'opération : la guérison s'est maintenue.

Anatomie pathologique. — La couronne de la dent est parfaitement bien conformée et saine; il en est de même du collet.

Des trois racines qui terminent cette dent, l'interne est terminée à son sommet par une petite production molle de la grosseur d'une grosse tête d'épingle, blanchâtre à l'extérieur, rougeâtre au centre. Les deux racines externes forment par leur divergence un espace triangulaire à sommet inférieur, espace exactement rempli par une production molle qui forme pour ainsi dire diaphragme entre elles. Cette tumeur, qui offre une surface inégale et irrégulière analogue à celle des végétations, est blanchâtre à la surface, ainsi qu'à l'intérieur; elle est molle et intimement adhérente à la surface des racines qui la limitent. Elle ne dépasse pas en dehors le niveau de la dent, mais elle fait saillie en dedans, dans l'intervalle des racines. Son volume total peut être comparé à celui d'une petite fève ; sa forme est aplatie dans son sens transversal.

Des deux racines externes, l'antérieure offre une lésion remarquable : elle est courte, d'une teinte blanchâtre et opaque qui tranche sur la couleur normale des autres. Son extrémité est rugueuse, inégale, et le périoste est évidemment disparu de ce point. Cette racine pourrait bien être l'endroit senti par le stylet dans la profondeur de la fistule, et l'altération dont elle est le siége paraît être caractérisée principalement par une résorption de sa substance.

Examen microscopique (6 juillet, M. Ch. Robin). — Trame lamineuse très-nette et assez lâche, exactement remplie par des noyaux embryoplastiques remarquables par la netteté de leurs caractères et la présence d'un ou deux nucléoles très-brillants. Le tissu contient aussi quelques gouttes d'huile et des leucocytes assez nombreux.

La petite tumeur qui occupe l'extrémité de la racine interne présente la même nature, avec cette particularité que les éléments embryoplastiques y sont moins développés que dans la grosse tumeur, de sorte que la masse, composée de noyaux, de corps fusiformes inclus au sein d'une matière amorphe transparente, présente dans différents points seulement quelques fibres lamineuses en voie d'évolution.

OBSERVATION 8e. — *Tumeur fibro-plastique développée sur les racines d'une première grosse molaire supérieure gauche* (27 juillet 1858). — Mme D., âgée de quarante-six ans, plus réglée depuis trois ans, a déjà souffert beaucoup des dents; elle en a perdu trois : 1o une incisive médiane supérieure, tombée spontanément sans avoir donné lieu à des accidents sérieux; 2o une première grosse molaire inférieure gauche extraite il y a trois années et ne présentant, au dire de la malade, aucune trace de carie, tandis que les racines auraient été recouvertes d'une production molle ayant donné lieu à des symptômes assez analogues à ceux de l'affection actuelle; 3o une deuxième grosse molaire inférieure droite enlevée il y a deux ans, et présentant, au dire de la malade, la même altération que la précédente.

Il y a seize mois, Mme D. commença à ressentir d'une façon périodique des accès de douleurs revenant assez régulièrement tous les mois, et offrant les caractères suivants :

Douleurs apparaissant sans cause provocatrice appréciable siégeant dans le côté gauche de la face, l'oreille, le cou, la tempe et l'œil, ayant la nature des douleurs névralgiques. En même temps, la dent première grosse molaire supérieure gauche devenait douloureuse à la pression dans la rencontre des deux mâchoires; elle semblait allongée, et présentait un léger ébranlement, la joue ne se tuméfiait pas, bien que la pression du doigt sur les divers points correspondants de la face fût douloureuse. Les accidents duraient trois ou quatre jours, allant progressivement en croissant, pour se terminer soit par diminution graduelle des symptômes, soit par une hémorrhagie au niveau de la dent malade, hémorrhagie donnant lieu à un soulagement immédiat. Les accidents une fois calmés, tout rentrait dans l'ordre pendant un mois environ, au bout duquel les accidents reparaissaient, soit provoqués par un choc sur la dent malade, soit sans cause appréciable, et se terminant dans la plupart des cas par une hémorrhagie, sans que cette terminaison parût répondre d'une manière appréciable aux époques des menstrues supprimées. Enfin, il y a trois jours, un nouvel accès apparut avec les caractères des précédents, et les symptômes prirent cette fois une telle intensité que depuis ce matin les douleurs sont devenues intolérables. La malade vint alors me consulter, et je constate ce qui suit :

État actuel. — La joue gauche est un peu tuméfiée, surtout au niveau du maxillaire supérieur ; en même temps la pression sur cette partie est légèrement douloureuse, les dents supérieures du même côté paraissent entièrement exemptes de carie. La première grosse molaire est un peu plus longue que les voisines ; elle est ébranlée très-manifestement ; le bord gingival, à ce niveau, est déprimé fortement, et le collet de la dent est mis à découvert ; la gencive est rouge et fortement tuméfiée, surtout en dehors, et la moindre pression est douloureuse, ainsi que les mouvements ou les chocs qu'on imprime à la dent affectée. Je diagnostique une tumeur du périoste, et je procède à l'extraction de la dent, opération qui donne lieu à une vive douleur et est suivie d'une hémorrhagie considérable qui s'arrête toutefois spontanément après huit heures environ.

La malade n'a pu être retrouvée.

Anatomie pathologique. — La racine interne présente vers le milieu de son étendue une petite cavité ne pénétrant pas jusqu'au canal dentaire et résultant d'un ramollissement partiel de ce point. Un second point ramolli se rencontre encore sur la face postérieure de la dent, au niveau du collet. La couronne est absolument saine. La tumeur occupe une grande surface. Elle siége principalement à la face inférieure de la couronne, dans l'intervalle des racines, et de ce point s'étend vers le sommet de ces trois dernières. Elle forme une sorte d'anneau à la racine interne, et la tapisse dans une grande partie de sa face externe et de ses deux bords. Elle se comporte à peu près de la même façon sur les deux racines externes, et occupe même leur intervalle, formant entre elles une sorte de diaphragme. Son étendue est par conséquent considérable ; son volume, très-difficile à apprécier, peut s'évaluer à celui d'une forte fève ; sa couleur est blanchâtre, sa consistance assez ferme; son adhérence à la surface dentaire est très-forte; sa surface est très-inégale, mamelonnée, irrégulière, suivant les contours de la région sur laquelle elle est développée.

Examen microscopique (M. Ch. Robin, 28 juillet 1858). — Le tissu de la tumeur se compose d'une trame fibreuse simple, lâche dans certains points, très-serrée dans d'autres. Les mailles de cette trame sont remplies de noyaux embryoplastiques très-nets, remplis de granulations foncées. On y rencontre aussi çà et là quelques corps fusiformes, des capillaires peu nombreux, des leucocytes du pus également peu nombreux, et quelques gouttes d'huile.

Observation 9e. — *Tumeur fibro-plastique développée sur une deuxième grosse molaire inférieure droite* (16 août 1858). — Mme B., âgée de cinquante-deux ans, d'une bonne constitution, n'a jamais souffert des dents. Sa dentition est très-régulière et très-complète; deux dents cependant sont chacune le siége d'une légère carie obturée depuis longtemps, et avant l'apparition de douleurs.

Il y a environ six semaines que Mme B. ressentit, à quelques jours d'intervalle et assez régulièrement, des douleurs névralgiques dans la tempe, l'oreille et l'œil du côté droit, sans symptômes du côté des dents. Supposant avoir contracté une névralgie faciale simple, Mme B. fut consulter son médecin, qui dirigea contre la maladie les moyens usités en pareil cas. Le sulfate de quinine, les vésicatoires volants, etc., furent employés. Ces moyens n'avaient produit aucun effet, lorsque, il y a quinze jours, Mme B. constata un nouveau symptôme : toutes les fois qu'un liquide chaud ou froid était introduit dans la bouche, il en résultait une douleur immédiate très-vive siégeant très-manifestement au niveau de la deuxième grosse molaire inférieure droite et ramenant en même temps la douleur névralgique. Depuis ce moment, Mme B. resta convaincue que cette dent n'était pas étrangère à la névralgie dont elle souffrait constamment, et le 16 août 1858 elle vint me consulter.

État actuel.— La première grosse molaire supérieure droite et la deuxième petite molaire inférieure gauche sont cariées, obturées depuis longtemps et nullement douloureuses. La première grosse molaire inférieure droite est un peu ébranlée; elle n'est nullement atteinte de carie; la percussion y provoque une légère douleur; le contact de l'eau froide développe aussi une vive sensation douloureuse; le bord gingival est déprimé au niveau de la dent malade, décollé de la surface dentaire en dedans ainsi qu'en dehors. Un stylet introduit dans l'alvéole rencontre un corps mou qui saigne au moindre choc, et dont le contact réveille les douleurs habituelles de la malade. La percussion pratiquée successivement sur toutes les dents du côté affecté donne un son clair sur les dents saines, et sur la dent malade un son mat habituel aux dents ébranlées. Les mouvements imprimés avec les doigts à la dent malade ne sont pas douloureux.

Je diagnostique une tumeur du périoste, et propose à la malade l'extraction de la dent. Elle y consent après quelque hésitation, et l'opération, très-simple d'ailleurs, donne lieu à une hémorrhagie assez considérable qui s'arrête cependant spontanément. La malade, revue deux mois après l'opération, est parfaitement guérie.

Anatomie pathologique. — La dent est complétement exempte de carie. Vers le milieu de sa face interne, à peu près à égale distance du collet de la dent et du sommet des racines, on rencontre une production molle, paraissant née dans l'intervalle des deux racines très-rapprochées l'une de l'autre, et s'étendant de là en avant et en arrière. Cette production paraît même faire le tour de la dent et constituer une sorte d'anneau autour des racines. Elle est peu développée, et son volume total ne saurait être exactement apprécié. Sa consistance est molle, sa couleur est blanchâtre, et son adhérence à la dent ne permet pas son ablation sans déchirure.

Examen microscopique (M. Ch. Robin, 16 août 1858). — La tumeur est constituée par une trame fibreuse simple remplie par des éléments fibro-plastiques nucléaires et fusiformes en quantité très-considérable et mélangés à un certain nombre de leucocytes du pus. La trame fibreuse est assez serrée, et les fibres sont très-nettes, très-foncées et très-régulières.

OBSERVATION 10e. — *Tumeur fibro-plastique développée sur les racines d'une première grosse molaire inférieure droite* (13 janvier 1859). — Mme D., âgée de cinquante-six ans, d'une excellente constitution, a déjà perdu depuis six ans huit de ses dents, petites et grosses molaires, extraites à la suite d'accidents qui, au dire de la malade, étaient identiques à ceux de l'affection actuelle : ainsi les dents n'étaient nullement cariées, mais devenaient peu à peu chancelantes, déterminant de légères fluxions et des accès douloureux durant cinq ou six jours, et revenant à des intervalles d'environ quinze jours.

Il y a sept mois que Mme D. remarqua que la première grosse molaire inférieure droite se déviait légèrement de sa direction et semblait basculer en dehors; elle ne causait pas encore de douleur. Un peu plus tard, la dent commenca à subir un peu d'ébranlement et à déterminer une légère sensation de chatouillement engageant sans cesse la malade à tourmenter, comme elle le dit, avec la langue, la dent qui en était le siége. Au bout de quelques semaines, la sensation devint véritablement pénible, caractérisée alors par une douleur sourde, permanente, entravant totalement la mastication du côté correspondant, de sorte que la malade, privée de ses molaires du côté opposé, était réduite à manger péniblement avec les dents antérieures. La douleur persistait ainsi pendant quelque temps, puis tout à coup survenait un accès douloureux caractérisé par l'apparition de douleurs névralgiques siégeant dans l'œil, l'oreille et la tempe droite, s'étendant inférieurement jusqu'à la partie supérieure du cou, douleurs s'accompagnant de l'exagération des accidents locaux. La dent devenait beaucoup plus douloureuse que précédemment; le moindre attouchement, ceux même de la langue, étaient très-pénibles; la joue devenait le siége d'une tuméfaction légère; les gencives inférieures, les piliers du voile du palais s'enflammaient à leur tour par voisinage, l'amygdale elle-même se tuméfiait. Ces accès duraient en moyenne cinq ou six jours, s'apaisaient peu à peu au bout de ce temps, et se terminaient complétement par résolution, laissant après eux l'état de gêne habituel, puis reparaissaient après un intervalle d'environ quinze jours avec les mêmes caractères, s'apaisant de nouveau, et ainsi de suite. C'est de cette façon que Mme D. a éprouvé depuis sept mois douze ou quinze crises successives. Cependant trois ou quatre seulement d'entre elles s'accompagnèrent de fluxion à la joue, tandis que les symptômes inflammatoires du côté de l'isthme du gosier se sont montrés dans tous les cas.

Enfin, il y a quatre jours, un nouvel accès apparut avec une intensité assez forte pour que la malade, lasse de souffrir, vint me consulter. Je constate alors ce qui suit :

État actuel (13 janvier 59). — La joue ne présente aucune tuméfaction, et la pression à sa surface n'est pas douloureuse. Les dents qui subsistent dans la bouche de la malade sont toutes dépourvues de carie; la première grosse molaire inférieure droite, également privée de carie, est un peu déviée de sa direction habituelle et portée en dehors; elle est en même temps allongée et chancelante. La gencive du même côté est tuméfiée jusqu'au fond de la bouche. Le pilier antérieur du voile du palais et l'amygdale du même côté participent de l'inflammation gingivale et sont tuméfiés et rouges. Les mouvements imprimés à la dent sont douloureux, et la percussion exercée sur la couronne rend un son mat et rappelle les souffrances habituelles de la malade. Je diagnostique une tumeur du périoste et je procède à l'extraction de la dent, opération qui s'effectue très-facilement, sans une grande douleur, et donne lieu à un écoulement de sang très-considérable.

La malade n'a pas été revue.

Anatomie pathologique. — La dent est entièrement dépourvue de carie; à l'extrémité de la racine postérieure, on constate la présence d'une petite tumeur d'un volume comparable à celui d'un gros pois, n'offrant pas de limites précises et s'étendant un peu aux parties voisines du périoste et jusque dans l'intervalle des deux racines au sommet de l'angle rentrant que forment ces dernières. La consistance de cette production est assez ferme; sa couleur, blanchâtre sur le plus grand nombre des points, est rouge et injectée vers le sommet de la racine postérieure. Ce dernier point s'est décollé pendant l'extraction, et pendant l'étude de la tumeur, une portion s'est détachée, qui a été réunie artificiellement.

Examen microscopique (M. Ch. Robin, 13 janvier). — La tumeur se compose d'une trame fibreuse d'une densité variable suivant les points où on l'observe; elle renferme un certain nombre de leucocytes, et sa trame est absolument remplie de noyaux embryoplastiques à caractères tranchés. L'acide acétique dissout les leucocytes et fait voir plus nettement les noyaux embryoplastiques inclus dans la tumeur.

OBSERVATION 11e. — *Tumeur fibro-plastique développée sur la racine d'une deuxième petite molaire supérieure gauche* (15 janvier 1859). — M. G., âgé de soixante ans, est d'une excellente constitution; il a perdu un très-grand nombre de ses dents, le plus souvent à la suite d'accidents ayant la plus grande analogie avec la maladie actuelle.

Il y a environ un an, M. G. commença à observer un peu de mobilité de la deuxième petite molaire supérieure gauche, d'ailleurs exempte de carie. Cette dent était en même temps le siége de quelques douleurs profondes très-légères, devenant assez intenses pendant le repas, le malade étant obligé de se servir de ce côté de la bouche, en raison de l'absence complète des dents molaires du côté opposé. Les douleurs, quoique très-faibles, persistèrent cependant ainsi au même degré pendant deux mois environ, au bout desquels elles disparurent presque complétement. La dent malade reprit alors ses fonctions; puis, après un calme de plusieurs mois, les accidents reparurent avec une intensité un peu plus grande que la première fois. La mastication redevint très-pénible, et les douleurs s'étendirent un peu au voisinage affectant le caractère de douleurs névralgiques vagues et fugaces. Cet état dura encore près de deux mois, puis disparut comme la première fois, pour faire place à une nouvelle période de calme qui se prolongea jusque dans ces derniers temps.

Il y a huit jours, sous l'influence de l'impression brusque du froid, la douleur locale reparut; seulement, cette fois, au lieu de se montrer exclusivement pendant le repas, elle s'établit en permanence et acquit bientôt une intensité encore plus grande que dans les deux premières atteintes. Le lendemain de l'apparition de la douleur, la joue commença à devenir le siége d'une tuméfaction légère, s'accompagnant d'un léger mouvement fébrile, d'inappétence et d'insomnie. Le lendemain, la fluxion augmenta, et acquit alors un volume considérable. En même temps, la dent devint très-sensible au moindre choc; les douleurs s'irradièrent dans la tempe et la joue correspondantes, puis les accidents diminuèrent peu à peu les jours suivants, et aujourd'hui ils ont presque entièrement disparu. Néanmoins le malade, craignant le retour des mêmes symptômes, vient réclamer l'extraction de la dent.

État actuel (15 janvier 1859). — La joue est le siége d'une tuméfaction très-légère; les dents supérieures gauches sont toutes parfaitement exemptes de carie, et toutes, à l'exception de la deuxième petite molaire, sont très-solides. Cette dernière dent est très-sensible à la moindre pression; elle est considérablement ébranlée; la gencive à son niveau est rouge, tuméfiée et décollée de la surface dentaire, et son bord libre baigne dans un liquide purulent. L'extraction se fait avec la plus grande facilité et donne lieu à un écoulement sanguin assez considérable et à une douleur assez vive.

Le malade n'a pu être retrouvé depuis l'opération.

Anatomie pathologique. — La dent est parfaitement exempte de carie; l'extrémité de la racine est exactement entourée par une production molle d'un volume comparable à celui d'un gros pois, d'une coloration rouge vif, paraissant indiquer un état de congestion considérable; sa forme membraneuse, aplatie contre la surface dentaire, permet de la considérer à première vue comme un épaississement hypertrophique du périoste limité au sommet de la racine; sa face libre est rugueuse et inégale; sa face adhérente est assez lâchement fixée à la dent, car pendant l'extraction elle s'est détachée sur ce point.

Examen microscopique (M. Robin, 15 janvier). — La trame tout entière se compose de tissu fibreux assez dense dont les mailles sont remplies par un très-grand nombre de noyaux embryoplastiques très-nets, répandus également dans la masse de la tumeur; l'action de l'acide acétique rend ces noyaux beaucoup plus visibles, et dissout un grand nombre de leucocytes accumulés à la surface de la tumeur.

III. — TUMEURS ÉPITHÉLIALES.

(Planche, fig. 3e.)

OBSERVATION 12e. — *Tumeur épithéliale développée sur les racines d'une deuxième grosse molaire inférieure gauche* (17 juin 1857). — M. X., âgé de cinquante-quatre ans, est un homme très-bien portant. Il affirme n'avoir jamais eu de douleurs dentaires; néanmoins deux dents lui manquent (deuxième petite molaire supérieure droite, première grosse molaire inférieure droite), qui ont dû être enlevées il y a environ vingt ans, à la suite d'une affection scorbutique des gencives contractée en Afrique au service militaire. Il est impossible de recueillir aucun renseignement précis sur les symptômes éprouvés dans les deux cas.

L'affection actuelle remonte à deux ans environ. A cette époque, le malade ressentit dans le côté gauche de la mâchoire inférieure quelques douleurs vagues accompagnées d'un léger gonflement des ganglions sous-maxillaires, accidents qui disparurent au bout de quelques jours. Environ un mois plus tard, les douleurs se montrèrent de nouveau et parurent se localiser au niveau de la deuxième grosse molaire inférieure gauche. La dent devint en effet très-sensible pendant la mastication, ce qui obligea le malade à manger constamment du côté opposé. Les douleurs s'irradièrent alors dans la tempe et l'oreille ; elles revêtirent le caractère névralgique, puis les accidents s'apaisèrent de nouveau. Depuis ce moment néanmoins, une sensation de douleur sourde et continue, parfois très-faible, persista dans l'organe malade, et des crises identiques à la précédente reparurent à des intervalles variant de un à trois mois. C'est ainsi que le malade accuse avoir ressenti depuis l'invasion de la malade six ou sept crises successives. Enfin, il y a trois jours, les accidents reparurent avec une nouvelle acuïté. La joue se tuméfia, comme cela arrivait d'ailleurs dans presque tous les accès antérieurs; les ganglions sous-maxillaires devinrent très-sensibles à la moindre pression, et la dent fut le siége d'une douleur vive continue, lancinante, s'irradiant dans la tête et l'oreille, s'exaspérant au moindre contact, et même dans les simples mouvements de la langue. A ce moment, le malade se présente à moi, et je constate ce qui suit :

État actuel (17 juin 1857). — La joue gauche est légèrement tuméfiée, surtout au niveau du maxillaire inférieur; les ganglions sous-maxillaires sont également gonflés et douloureux. A l'examen de la bouche, je constate que la gencive, au niveau de la deuxième grosse molaire inférieure gauche, est livide, tuméfiée, douloureuse à la pression, et détachée du collet des dents. La deuxième molaire est déviée de sa direction normale, un peu rejetée au dehors, douloureuse au moindre choc, et dépasse manifestement le niveau des dents voisines, qui sont d'ailleurs elles-mêmes légèrement ébranlées et sensibles à la percussion. La dent malade ne présente aucune trace de carie, affection qu'on ne constate d'ailleurs sur aucune autre. Toute la partie gauche des deux mâchoires est le siége d'une accumulation considérable de tartre résultant de l'inaction à laquelle ce côté a été réduit depuis longtemps.

Je procède à l'extraction de la dent, opération qui s'effectue facilement, donne lieu à une vive douleur et est suivie d'une hémorrhagie abondante, qui s'arrête néanmoins spontanément après avoir duré une demi-heure environ.

M. X... a donné de ses nouvelles après un an : la guérison s'est maintenue.

Anatomie pathologique (fig. 3, *a*). — La couronne de la dent ne présente aucune altération, elle est seulement couverte d'une couche épaisse de tartre. Les racines sont complétement entourées par une production molle développée surtout à la partie postérieure, où elle proémine fortement. Sur les faces externe et interne, elle offre un volume assez considérable; mais sur la face antérieure, elle est réduite à un très-faible volume et présente une forme aplatie. Le volume total de la tumeur représente environ celui d'une noisette. Son tissu est rouge, sa consistance molle, analogue à celle des polypes muqueux. Sa surface libre est assez lisse, mamelonnée ; sa face adhérente répond au cément, qui ne paraît présenter aucune altération ; l'intervalle des deux faisceaux des racines reçoit un prolongement de la tumeur qui le remplit exactement.

Examen microscopique (M. Ch. Robin, 18 juin). — La totalité de la tumeur se compose d'une trame fibreuse vasculaire renfermant une faible quantité de matière amorphe. Toute la trame est remplie de cellules épithéliales sphériques très-nettes et contenant un ou plusieurs noyaux (fig. 3, *b*).

OBSERVATION 13e. — *Tumeur épithéliale papilliforme développée sur les racines d'une première grosse molaire supérieure gauche* (17 juin 1858). — Mme A., âgée de trente ans, d'une excellente constitution, n'a jamais eu d'affections dentaires. Elle commença à éprouver, il y a environ un an, des douleurs sourdes et générales dans tout le côté gauche de la mâchoire supérieure. Ces douleurs étaient caractérisées par des élancements permanents et assez faibles que les manœuvres de la mastication exaspéraient. Elles n'étaient localisées sur aucune dent en particulier, et toutes celles de ce côté étaient manifestement ébranlées, sensibles aux chocs, sans qu'aucune pût être considérée par la malade comme cause unique des accidents éprouvés. Ces accidents persistèrent pendant environ trois mois avec des alternatives d'apaisement et d'augmentation ; enfin, au bout de ce temps, elles semblèrent s'apaiser plus complétement, et la malade n'y apportait plus qu'une légère attention, lorsqu'il y a une douzaine de jours, les douleurs reparurent, vives, continues, accompagnées d'élancements, de gonflement léger de la joue, de douleurs névralgiques dans la tempe et l'œil du côté correspondant, d'ébranlements de la dent et de douleur au moindre contact. Ces accidents acquirent dans les derniers jours une telle intensité qu'au milieu de la nuit du 17 au 18 juin, la malade vint me supplier de lui extraire la dent cause de ses souffrances.

État actuel (18 juin). — La joue gauche est notablement tuméfiée, et le gonflement s'étend jusqu'aux paupières, qui sont depuis hier épaisses et douloureuses à la pression. La conjonctive elle-même présente un commencement d'injection manifeste; les ganglions sous-maxillaires sont engorgés et douloureux. Toutes les dents du côté gauche de la mâchoire supérieure sont exemptes de carie; la première grosse molaire paraît un peu déviée de sa direction et se porte du côté externe; elle est en même temps allongée hors de l'alvéole, fortement ébranlée, et provoque au moindre contact, même aux simples attouchements de la langue, de vives douleurs qui s'irradient dans le voisinage. Les gencives du côté malade sont tuméfiées, fongueuses dans une grande étendue, et principalement au niveau de la dent malade; leur bord libre est le siége d'une accumulation de pus. Je diagnostique une tumeur du périoste et pratique l'extraction de la dent, opération qui s'effectue très-facilement, donne lieu à une très-vive douleur et s'accompagne d'un écoulement de sang assez considérable.

Le 25 juin suivant, la malade, qui se présente à mon observation, est complétement guérie.

Anatomie pathologique. — A la face postérieure de la dent, un peu au-dessous du collet, on constate l'existence d'une petite tumeur.

Son volume, comparable à celui d'un gros pois, n'est certainement pas en rapport avec la violence des symptômes éprouvés; sa couleur est blanchâtre, et sa consistance molle. Assez limitée dans son contour et de forme presque sphérique, elle se prolonge cependant un peu dans l'intervalle des racines, et avance dans cet intervalle jusqu'à la face antérieure de l'organe. Le reste de l'étendue du périoste paraît sain.

La dent ne présente aucune atteinte de carie; mais, pendant l'avulsion, la racine postérieure et externe, fortement recourbée sur elle-même, s'est brisée dans son extrémité.

Examen microscopique. (M. Ch. Robin, 18 juin.) — La tumeur se compose d'une trame lamineuse simple, parcourue par des capillaires nombreux et remplie de cellules épithéliales très-nettement pavimenteuses. On voit dans la tumeur des papilles très-distinctes constitués par un faisceau central fibreux et vasculaire autour duquel sont groupés les éléments épithéliaux franchement pavimenteux.

OBSERVATION 14e. — *Tumeur épithéliale développée sur une deuxième grosse molaire supérieure droite* (13 novembre 1858). — Mme A., âgée de cinquante et un an, plus réglée, a perdu déjà onze dents, la plupart enlevées à la suite de carie. Une d'elles cependant (première grosse molaire inférieure gauche) a été perdue par suite d'une affection dont les symptômes, au dire de la malade, semblent se rapprocher notablement de ceux de l'affection présente.

Il y a un mois, Mme A. éprouva, pendant le repas, le choc brusque et violent d'un fragment osseux sur la deuxième grosse molaire supérieure droite, jusqu'alors parfaitement indolente. Le choc éprouvé fit naître aussitôt une vive douleur qui se calma toutefois peu à peu et disparut. La dent cependant s'ébranla légèrement et resta, depuis cette époque, douloureuse pendant la mastication. Néanmoins, aucun symptôme grave n'apparaissait, lorsque, il y a trois jours, une douleur vive survint spontanément dans la dent malade, douleur continue, lancinante, s'exaspérant au moindre ébranlement et devenant, pendant la nuit, intolérable à cause de la chaleur du lit. Les douleurs s'irradiaient en même temps dans toutes les parties voisines, la tempe, l'oreille et le cou. Aucune fluxion n'apparut, mais les souffrances devinrent peu à peu tellement vives que Mme A. avait perdu complétement l'appétit et le sommeil.

État actuel. — La deuxième grosse molaire supérieuse droite, isolée de ses voisines, ne présente aucune trace de carie ; elle est légèrement mobile et paraît, par suite de son allongement, sortie en partie de son alvéole. La gencive est déprimée, rouge, tuméfiée ; les moindres mouvements imprimés à la dent sont très-douloureux, le contact des liquides chauds est intolérable, tandis que celui des liquides froids apporte du soulagement; pas de fluxion à la joue. Je diagnostique une tumeur du périoste, et je procède à l'extraction de la dent. L'opération, très-facile, est suivie d'une hémorrhagie abondante.

Mme A. n'a pu être revue depuis l'opération.

Anatomie pathologique. — La dent, entièrement exempte de carie, offre, au sommet de ses racines convergentes, une production molle du volume d'un gros pois, d'une couleur rougeâtre et décollée en partie de la surface dentaire pendant l'extraction. Parfaitement limitée au sommet des racines, elle entourait les faisceaux vasculo-nerveux de la pulpe, circonstance qui contribue à expliquer la violence des douleurs éprouvées. Le reste de la surface périostale est parfaitement sain.

Examen microscopique. (M. Ch. Robin, 24 novembre.) — La tumeur se compose d'une trame fibreuse assez lâche, parcourue par un grand nombre de vaisseaux capillaires et remplie de noyaux d'épithélium sphériques plus ou moins réguliers, et contenant deux, trois ou quatre nucléoles assez brillants; le contour du noyau est assez pâle. On rencontre en outre, dans la tumeur, une certaine quantité de leucocytes ou globules de pus. L'acide acétique les dissout en isolant leurs noyaux, et fait apparaître en même temps dans la trame fibreuse quelques noyaux fibro-plastiques.

OBSERVATION 15e. — *Tumeur épithéliale développée sur les racines d'une grosse molaire inférieure temporaire droite chez un enfant de trois ans e demi* (2 août 1858). — Une petite fille de trois ans et demi, pourvue de toutes ses dents de lait et jouissant d'une parfaite santé, commença à se plaindre, il y a cinq mois, de douleurs dans le côté droit de la mâchoire. On remarqua, à la même époque, que la grosse molaire provisoire était cariée. Les douleurs, si l'on en juge par les renseignements pris auprès de la mère, ne paraissaient pas continues. Elles duraient quelques jours avec des rémissions assez fréquentes, et disparaissaient ensuite. Pendant la durée de la crise, l'enfant perdait l'appétit et le sommeil, et abandonnait ses jeux pour se plaindre. Cet état durait deux ou trois jours, et lorsque la mère commençait à se décider à consulter, les douleurs s'apaisaient et cessaient même entièrement, pour revenir plus tard avec les mêmes caractères. C'est ainsi que, depuis cinq mois, l'enfant éprouva des accès revenant environ tous les quinze jours, pendant lesquels la mastication était impossible, et l'enfant refusait de manger. Quelques symptômes généraux s'ajoutèrent aux phénomènes locaux : c'est ainsi que, pendant les accès, la face était rouge, congestionnée, la peau chaude ; il y avait perte complète d'appétit et de sommeil. Aujourd'hui, l'enfant est très-notablement amaigrie, et la mère, désirant enfin faire cesser un tel état de choses, vient consulter.

État actuel. — Les dents sont parfaitement saines, à l'exception de la grosse molaire inférieure droite, qui est profondément cariée. L'exploration de la cavité, faite au moyen d'un stylet, démontre que la pulpe a entièrement disparu; la joue ne présente aucun gonflement, mais la gencive offre, au niveau de la dent malade, un peu de rougeur et de gonflement. Elle est en même temps déprimée au-dessous du niveau de la gencive voisine, et décollée de la surface dentaire. La dent est ébranlée et paraît réellement allongée, sa couronne dépassant le niveau des dents voisines. L'enfant se trouve actuellement au début d'un nouvel accès qui a commencé hier, et qui paraît caractérisé par les mêmes phénomènes que les précédents; néanmoins, il faut le dire, l'âge de l'enfant ne permet pas de recueillir sur les symptômes éprouvés des renseignements bien précis. La dent malade est très-douloureuse à la percussion sur sa couronne, tandis que les dents voisines sont insensibles à la même épreuve; les moindres mouvements de latéralité imprimés à la dent déterminent également des douleurs.

Je propose l'extraction de la dent, qui s'opère sans aucune difficulté.

L'enfant, revue six mois après, est parfaitement guérie.

Anatomie pathologique. — La dent présente une excavation très-profonde avec disparition complète de la pulpe et des filets vasculo-nerveux des racines. L'intervalle des deux racines de la dent est exactement rempli par une production molle qui occupe tout l'angle rentrant sous-jacent à la couronne; la tumeur a un volume qu'on peut comparer à celui d'une petite noisette; sa forme est celle de la région qu'elle occupe; sa couleur est rosée; sa consistance est assez molle; aussi, pendant l'extraction de la dent, le tissu est-il dilacéré en quelques points.

Examen microscopique. (M. Ch. Robin, 2 août 1858.) — La tumeur se compose d'une trame fibreuse simple, exactement remplie par des éléments épithéliaux constitués : 1° par des noyaux simples extrêmement nombreux; 2° par des cellules sphériques moins abondantes. Ces éléments sont mélangés d'une petite quantité de leucocytes du pus et de globules sanguins échappés des capillaires nombreux de la tumeur. On rencontre également dans la masse un certain nombre de myéloplaxes.

OBSERVATION 16e. — *Tumeur épithéliale développée sur les racines d'une première grosse molaire inférieure gauche* (15 octobre 1857). — Jeune garçon de douze ans et demi, dont la deuxième dentition est complète, d'une excellente constitution et d'une bonne santé habituelle. La première grosse molaire inférieure gauche est cariée depuis plusieurs années et a donné lieu, il y a environ deux ans, à des douleurs dont les caractères semblent se rapprocher de ceux de la carie dentaire. L'affection actuelle ne semble pas remonter à plus d'une année, époque à laquelle la dent est devenue douloureuse pendant la mastication. Pendant les deux ou trois mois qui suivirent l'apparition de ce premier symptôme, l'enfant éprouvait une simple gêne plutôt qu'une véritable douleur; mais au mois de février dernier, un nouveau phénomène apparut : au bord externe de la gencive inférieure, au niveau de la dent malade, on remarqua que de petits abcès très-limités, nettement circonscrits, s'étaient produits; ils donnaient lieu à une douleur assez vive, ne s'accompagnant pas toutefois de tuméfaction de la joue, s'ouvrant spontanément au bout de quatre ou cinq jours, et faisant suite à un soulagement assez complet. En même temps les symptômes locaux s'aggravaient; tout contact sur la dent malade devenait intolérable; elle paraissait beaucoup plus longue, et tendait à sortir de son alvéole; des douleurs plus vives survenaient, localisées au point malade sans s'irradier aux parties voisines, et l'ébranlement habituel qui existait depuis longtemps augmentait considérablement, puis le calme revenait durant environ un mois à un mois et demi, après lequel reparaissaient des accidents identiques aux précédents : abcès multiples se développant au niveau de la dent malade, etc. Au mois de septembre dernier, il y a environ un mois, les accidents avaient reparu avec leurs caractères habituels; mais cette fois, les abcès furent plus nombreux et se succédèrent pendant une quinzaine de jours, à la fin desquels survint une forte fluxion qui se termina par résolution. Les accidents disparurent de nouveau.

Enfin, il y a deux jours, un nouvel accès survint, et aujourd'hui la mère de l'enfant vient me demander de pratiquer l'extraction de la dent malade.

État actuel. — La joue n'est pas tuméfiée; cependant la pression du doigt au niveau de la dent malade est un peu douloureuse en raison de l'état enflammé de la gencive en ce point. Le bord gingival externe est le siége d'une violente inflammation; on y constate la présence de plusieurs petits abcès, au nombre de quatre on cinq environ, ressemblant à de petits furoncles à sommet conique. La dent est profondément cariée dans la partie interne de sa couronne; la carie est très-avancée, a envahi la cavité de la pulpe et a fait disparaître cet organe. L'exploration de la cavité au moyen du stylet ne rencontre aucun point douloureux. La dent, fortement ébranlée, allongée hors de son alvéole, est un peu rejetée en dedans de la bouche; la gencive, au niveau du collet de la dent, est déprimée et baigne dans un liquide purulent; les moindres mouvements imprimés à la dent donnent lieu à des douleurs vives, et la percussion, également très-pénible, rend un son mat. L'extraction, pratiquée facilement, ne présente rien de particulier.

Le malade, revu un an après l'opération, ne s'est plus ressenti de rien.

Anatomie pathologique. — La dent présente à la partie interne de sa couronne une carie très-profonde, au fond de laquelle il n'est plus possible de retrouver le moindre vestige de la pulpe dentaire. La tumeur occupe tout l'intervalle de deux racines, qu'elle dépasse légèrement sur les côtés; elle se prolonge aussi vers le sommet de ces dernières, particulièrement au sommet de la racine postérieure, qu'elle entoure complétement. Le volume total de la tumeur peut être évalué à celui d'une noisette. La couleur de cette production varie suivant les points où on l'observe : sur les faces latérales de la dent, et surtout en dehors, la tumeur offre une coloration jaunâtre qui rappelle l'aspect du tissu graisseux. Dans d'autres points voisins de ces derniers, la couleur est blanchâtre. Au sommet des racines, la tumeur présente une forte injection et une coloration rouge intense. Enfin, sur d'autres points également voisins du sommet, le tissu est le siége d'un ramollissement considérable et d'une infiltration purulente manifeste.

Examen microscopique. (M. Ch. Robin, 30 juillet.) — Dans le point jaunâtre de la tumeur, le tissu se compose d'une trame fibreuse simple assez serrée, remplie de granulations graisseuses, très-abondantes, ayant en moyenne $0^{mm},001$ de diamètre et douées du mouvement Brownien. Ces granulations sont accompagnées en outre d'un nombre considérable de cellules épithéliales sphériques remplies de granulations graisseuses et de globules de pus granuleux mêlés aux éléments précédents,

La partie flottante du sommet de la racine postérieure se compose d'une trame fibreuse remplie d'éléments épithéliaux nucléaires sur certains points; sphériques ou pavimenteux sur certains autres; les cellules épithéliales sont très-différentes de celles de la gencive : elles sont plus petites, à angles plus arrondis, plus granuleuses, et à granulations plus fines et uniformément distribuées; en même temps, les noyaux sont plus volumineux, clairs, souvent nucléolés, et, dans plusieurs points, les cellules contiennent des granulations graisseuses.

Dans d'autres parties de la tumeur plus denses que les autres, on ne constate qu'une simple trame fibreuse contenant çà et là quelques granulations graisseuses et de rares éléments d'épithélium.

Les faces postérieure et antérieure du périoste sont saines.

Réflexions. — Les différences de constitution anatomique de cette tumeur, suivant les points où on l'examine, permettent de considérer son évolution de la manière suivante :

La trame fibreuse constituant le périoste normal a subi d'abord une simple hypertrophie, et cette phase première de développement se rencontre sur certains points de la tumeur; plus tard, des noyaux d'épithélium se sont développés au sein des mailles du tissu primitif. Ces éléments, de nucléaires qu'ils étaient, se sont transformés en cellules par segmentation de la matière amorphe ambiante. Enfin, les divers éléments mélangés, trame fibreuse, cellules épithéliales, ont subi progressivement la dégénérescence graisseuse qui s'observe assez souvent au sein des épithéliomas. Cet envahissement des granulations graisseuses s'est étendu de proche en proche au sein de la tumeur, et certaines parties, presque entièrement constituées par ces éléments, ont pris la coloration jaunâtre qu'on observe. Enfin, dans quelques endroits, le tissu a subi une inflammation légère qui a donné lieu à la production de pus et au ramollissement qu'on y trouve.

IV. — TUMEURS A MYÉLOPLAXES.

(Planche, fig. 4e.)

OBSERVATION 17e. — *Tumeur à myéloplaxes suppurée siégeant sur une deuxième grosse molaire supérieure droite* (10 juillet 1858). — Mlle G., âgée de vingt-deux ans, a déjà eu un grand nombre d'affections dentaires. La première grosse molaire inférieure gauche a été extraite il y a six mois, à la suite de douleurs violentes qui paraissent, d'après les renseignements fournis par la malade, avoir été caractéristiques de la carie. Toutes les grosses molaires qui lui restent sont, y compris les dents de sagesse, presque entièrement détruites par la même maladie, mais sans avoir jamais causé aucune douleur.

Il y a environ deux mois, apparition lente de douleurs profondes au niveau de la première grosse molaire supérieure droite, cariée depuis longtemps; douleurs presque continues, s'exaspérant surtout le soir, interrompues par quelques rémissions très-courtes et se propageant dans tout le côté droit de la face, et particulièrement dans la tempe, se calmant ordinairement pendant la nuit et reparaissant le matin; la dent, en même temps, devint chancelante et ne permit plus sans douleur la mastication du côté malade. De temps en temps, des hémorrhagies assez abondantes survenaient, provenant de l'intérieur de l'alvéole de la dent malade. Ces hémorrhagies étaient tantôt spontanées, tantôt provoquées par un choc, et amenaient dans tous les cas un soulagement momentané.

Les premiers accidents apparus il y a deux mois durèrent une quinzaine de jours, puis s'apaisèrent entièrement pour faire place à un calme complet, sans cependant que la mastication sur la dent malade redevînt possible.

Enfin, il y a quatre jours, les accidents éprouvés déjà une fois reparurent avec les mêmes caractères. La malade vient alors me consulter, et je constate ce qui suit :

État actuel. — La joue ne présente aucune tuméfaction; le bord alvéolaire supérieur droit n'est pas tuméfié non plus. Les deux petites molaires supérieures gauches sont entièrement détruites par la carie, ainsi que la deuxième grosse molaire et la dent de sagesse du même côté. Au niveau de la première grosse molaire, qui est profondément cariée, la gencive est déprimée, décollée de la surface dentaire, et baigne dans un liquide blanc purulent qui entoure la dent. Un stylet enfoncé dans la carie ne rencontre aucun point douloureux et pénètre sans obstacle dans la cavité de la pulpe, cet organe ayant entièrement disparu. La dent, fortement ébranlée, est douloureuse à la percussion, à la simple pression verticale du doigt sur la couronne et aux mouvements de latéralité qu'on lui imprime.

Je diagnostique une tumeur du périoste, et je pratique l'extraction de la dent. Cette opération, très-facile, est suivie d'une hémorrhagie considérable.

La malade, revue six mois après l'opération, est restée parfaitement guérie.

Anatomie pathologique. — La dent est profondément cariée et la cavité de la pulpe a été entièrement envahie. La tumeur occupe l'intervalle des racines de la dent, et particulièrement la racine interne; elle n'est pas très-nettement limitée et occupe une étendue assez considérable de la surface périostale. Son volume, difficile à apprécier, peut être évalué, dans la totalité de son étendue, à celui d'une fève. Sa consistance est molle; sa couleur est blanchâtre à la surface et rougeâtre dans la profondeur. Sur plusieurs points, et particulièrement au voisinage des sommets des racines, on constate des parties rouges injectées qui indiquent des traces de conjection partielle.

Examen microscopique. (M. Ch. Robin, 10 juillet 1858.) — La tumeur se compose d'une trame lamineuse renfermant un certain nombre de globules de pus ou leucocytes très-granuleux. La masse entière de la tumeur est constituée par un nombre très-considérable de myéloplaxes, les unes à un seul noyau, granuleuses et opaques; les autres multinucléaires, transparentes, larges et peu granuleuses.

V. — TUMEURS A CYTOBLASTIONS.

(Planche, fig. 5e.)

OBSERVATION 18e. — *Tumeur à cytoblastions développée sur la racine interne d'une première grosse molaire supérieure droite* (2 août 1859). — Le jeune L., âgé de quatorze ans, d'une excellente constitution, sans aucun antécédent syphilitique héréditaire appréciable, a déjà quelque peu souffert des dents : ses quatre premières grosses molaires ont été obturées il y a dix-huit mois, et depuis cette époque n'ont donné lieu à aucun accident.

Il y a un mois, la joue droite devint le siége d'une fluxion précédée et accompagnée de quelques douleurs sourdes, continues, caractérisées par de légers élancements. La fluxion, apparue presque subitement en quelques heures, répondait assez exactement aux racines de la dent en question, laquelle acquit en même temps une légère mobilité et de la douleur à la pression réciproque des arcades dentaires, de sorte que l'enfant mangeait du côté opposé. Cependant, la fluxion, presque indolente, dura une quinzaine de jours sans augmenter de volume, et disparut peu après par résolution, faisant place à un calme complet.

Il y a quatre jours, une deuxième fluxion apparut, précédée des mêmes douleurs sourdes dans la profondeur de la mâchoire, fluxion peu volumineuse, molle et presque indolente.

État actuel. — La joue offre un gonflement léger, sans dureté ni rougeur à la peau. La première grosse molaire supérieure droite, isolée par la perte des dents temporaires qui existaient, est le siége d'une carie parfaitement obturée depuis plus d'une année; les mouvements imprimés à cette dent et la percussion ne déterminent qu'une très-légère douleur. Cependant, l'existence et le siége de la fluxion se rapportant bien évidemment à cette dent, et les accidents antérieurs faisant soupçonner une altération des racines, l'extraction est décidée. Le diagnostic reste néanmoins incertain entre une périostite et une tumeur du périoste.

Anatomie pathologique. — La racine interne présente à son sommet une production du volume d'une petite fève; elle est blanchâtre, molle, embrassant tout le sommet recourbé de cette racine et se prolongeant un peu sur son côté externe dans l'intervalle qui la sépare des deux racines externes. Les manœuvres de l'opération l'ont détachée sur un point de la surface qui la supportait, de sorte qu'elle est flottante en partie. Les deux racines externes sont parfaitement saines.

Examen microscopique. (M. Ch. Robin, 2 août 1859). — La tumeur est formée d'une trame de fibres lamineuse très-écartées les unes des autres, accompagnées d'une certaine quantité de matière amorphe parcourue par des vaisseaux capillaires assez faciles à isoler; le tout parsemé d'un certain nombre de noyaux embryoplastiques, et surtout d'un nombre très-considérable de cytoblastions à contours nets, finement granuleux, sans nucléoles, comme d'ordinaire (fig. 5, *b*). Ces éléments forment certainement à eux seuls plus des deux tiers de la totalité du tissu. Cette uniformité de distribution, le nombre de ces éléments, donnent à la préparation un aspect très-remarquable, surtout après le traitement par l'acide acétique.

Cette tumeur, comme on voit, malgré son volume assez considérable, a pris un accroissement très-rapide, puisque son apparition remonte à six semaines au plus. La constitution intime de la tumeur (cytoblastions) donne l'explication de cette particularité : les tumeurs de cette nature sont douées en effet d'un développement très-rapide. (Chalazion, gommes syphilitiques, etc.)

APPENDICE.

Après avoir, dans le mémoire qui précède, traité spécialement des *tumeurs du périoste dentaire*, nous avons cru qu'il ne serait pas sans intérêt de réunir, dans un *appendice*, quelques considérations sur plusieurs affections rentrant particulièrement dans la classe des altérations organiques des *parties molles* de la dent. Ces considérations, empruntées à quelques-unes de nos recherches sur certains points peu élucidés ou encore inexplorés de la pathologie dentaire, offriront d'ailleurs un complément utile aux caractères diagnostiques des tumeurs du périoste.

Nous nous proposons donc de traiter, très-brièvement d'ailleurs, dans trois notes spéciales répondant à trois figures de notre planche : 1° des tumeurs de la pulpe dentaire ; 2° des polypes du périoste ; 3° des kystes ou abcès sous-périostaux des racines.

A. — TUMEURS DE LA PULPE DENTAIRE.

(Planche, fig. 6e.)

Les tumeurs de la pulpe dentaire ont dejà été étudiées avec soin par Tomes (1), sous le nom de *polypes* ou *granulations* de la pulpe, et par le docteur Albrecht (2) sous celui d'*hypertrophies.* Ce dernier auteur a surtout déterminé assez exactement la nature anatomique de ces tumeurs ; aussi le terme d'hypertrophie résumerait-il assez bien la structure de ces production, ordinairement composées des éléments

(1) Tomes, *Course of lectures on dental Physiology and Surgery*. London, 1848, p. 275.

(2) Albrecht, *Die Krankheiten der Zahnpulpa*. Berlin, 1858.

mêmes de la pulpe. Nous préférons cependant le terme moins absolu de *tumeurs*, en ce qu'il ne préjuge pas la nature du tissu morbide, et que d'ailleurs des éléments anatomiques étrangers à l'organe sain peuvent quelquefois se rencontrer dans les productions pathologiques dont il est le siége.

Les tumeurs de la pulpe dentaire sont des productions molles, charnues, développées aux dépens du tissu propre de l'organe, et faisant saillie à l'extérieur. Il est indispensable, comme on le pense bien, que la pulpe ait été préalablement mise à nu par une perte de substance de la dent intéressant toute l'épaisseur de la couronne; aussi les rencontre-t-on presque exclusivement dans l'intérieur d'une carie profonde ayant envahi la cavité de la pulpe et mis cet organe à découvert. Les dents molaires, en raison du volume relativement considérable de leur pulpe, en sont le plus souvent le siége. Ces tumeurs ont une forme globuleuse, ordinairement réunie au reste de l'organe par une portion rétrécie ou *col*, situé au niveau de l'orifice étroit qui fait communiquer la cavité de la carie avec celle de la pulpe.

Il résulte de cette particularité que la production morbide présente, dans sa totalité, la forme générale d'une masse charnue composée de deux lobes: un profond, la pulpe elle-même; l'autre superficiel, composé par la tumeur proprement dite, et entre ces deux lobes la portion rétrécie ou col qui les réunit. Leur volume varie depuis celui d'un pois jusqu'à celui d'une amande. La couleur est blanchâtre à l'extérieur, rouge ou rosée à l'intérieur; leur face libre n'est pas mamelonnée, mais nettement limitée et lisse. On trouve à leur surface extérieure, et surtout dans l'intervalle qui les sépare de la paroi de la carie, des débris de matières alimentaires, des vibrions et des algues filiformes de la bouche. Quant à leur structure microscopique, elle se composait, dans tous les cas que nous avons observés jusqu'à présent, d'une agglomération des noyaux analogues aux éléments embryoplastiques, qui constituent en grande partie la pulpe normale[1], et mêlée à une matière amorphe granuleuse parcourue par des vaisseaux et des nerfs. Les noyaux sont seulement plus volumineux; la fine couche de matière amorphe, formant comme une membrane propre à l'organe sain, se conserve à la surface des tumeurs, de sorte qu'on peut considérer ces productions de la pulpe dentaire comme constituées presque constamment par une hypertrophie simple avec hypergenèse des éléments normaux de l'organe; c'est du moins ce que nous avons constaté dans tous les cas que nous avons observés.

Les accidents produits par cette affection sont en général légers; les malades ne se plaignent le plus souvent que d'une très-grande gêne de la mastication du côté malade, de sorte qu'il y a souvent inaction absolue du côté de la bouche correspondant. Il résulte de cette circonstance que les dents se recouvrent de tartre, non-seulement à la face extérieure de la couronne, mais encore à leur face triturante et dans la cavité même de la carie qui contient la tumeur. Celle-ci est douloureuse au contact des corps étrangers; elle ne paraît pas subir sensiblement l'influence des liquides chauds ou froids; mais sa surface molle est très-fréquemment le siége d'hémorrhagies, soit spontanées, soit le plus souvent provoquées par un choc.

Contrairement à l'opinion de Tomes, qui regarde l'avulsion de la dent comme le seul moyen radical, nous croyons qu'on peut obtenir la guérison complète de la maladie avec conservation de la dent. Le traitement devra consister d'abord dans l'excision de la tumeur, opération qui s'effectue de la manière suivante :

Au moyen d'un bistouri boutonné et courbe sur le plat, on pénètre dans l'intervalle qui sépare la tumeur de la paroi de la cavité, et on arrive bientôt au pédicule, qu'on sectionne d'un seul coup. Cette excision est suivie d'une hémorrhagie assez considérable qu'on arrête aisément avec le

(1) Voyez, pour l'anatomie normale de la pulpe, notre travail : *Étude sur le développement et la structure des dents humaines*. Paris, 1858, p. 24 et 104.

percholure de fer. Après cette première partie de l'opération, on devra procéder à la destruction des parties restantes de la pulpe. Cette destruction s'obtient ordinairement par la cautérisation soit avec le cautère actuel, soit, ce que nous préférons, avec les caustiques, et particulièrement l'acide arsénieux. On étend à cet effet sur une boulette de coton une couche légère de l'acide réduit par la porphyrisation en poudre impalpable; on protége la première boulette de coton par une seconde, et on laisse le tout en place pendant vingt-quatre heures; les jours suivants on répète, s'il est nécessaire, la cautérisation, et on cherche à calmer, au moyen d'applications opiacées, les phénomènes de périostiste alvéolo-dentaire, quand celle-ci se développe, et lorsque la dent est devenue absolument insensible, on procède à l'obturation suivant les règles ordinaires.

B. — POLYPES DU PÉRIOSTE DENTAIRE.

(Planche, fig. 7 et 7 *bis*.)

Les polypes du périoste dentaire qui rentrent dans la classe générale des tumeurs de cette membrane méritent cependant, en raison de leur situation extra-alvéolaire, en même temps que la nature toute spéciale de leurs différents caractères, d'être décris à part.

Ces productions sont de celles qui appartiennent à la série des complications ou conséquences de la carie dentaire. Nous les avons en effet constamment rencontrées ayant pour siége des dents dont la carie, après avoir envahi une portion de la couronne, s'avançait jusqu'au collet, déterminant en ce point une sorte d'irritation du bord terminal du périoste, et devenant ainsi la cause probable de la maladie.

Ces polypes ont pour siége presque exclusif les dents molaires, soit les petites, soit les grosses. Ils se présentent sous l'aspect d'une masse rougeâtre, sphéroïde, ayant en moyenne le volume d'un gros pois, à surface mamelonnée, et occupant presque constamment la cavité de la carie de la dent qui en est le siége, tandis que leur pédicule très-m nce, arrondi ou aplati, s'insère au niveau du collet. Il résulte de cette particularité, qu'au premier aspect ces polypes peuvent être facilement confondus avec les tumeurs de la pulpe, et disons de suite que le meilleur signe distinctif des deux maladies consiste dans l'exploration directe de la carie avec un stylet. Cette exploration apprendra très-facilement si la tumeur est une expansion de la pulpe ou une dépendance du périoste.

Les symptômes de cette affection sont très-analogues à ceux des tumeurs de la pulpe, c'est-à-dire qu'ils consistent simplement dans une gêne très-grande de la mastication du côté malade, et parfois des douleurs assez vives provoquées par le choc d'un corps étranger sur la tumeur, qui devient alors souvent le siége d'hémorrhagies plus ou moins abontantes.

Considérés histologiquement, les polypes du périoste dentaire sont composés soit du tissu même du périoste normal hypertrophié, soit d'éléments fibro-plastiques, noyaux ou corps fusiformes, et d'éléments fibreux simples ; mais nous n'avons pas jusqu'à présent constaté dans ces productions la présence d'éléments d'ordre différent tels que : épithélium, myéloplaxes, etc., que nous avons rencontrés dans les tumeurs proprement dites du périoste.

Cette affection est assez commune ; nous en avons observé un grand nombre d'exemples : aussi avons-nous éprouvé quelque surprise de ne rencontrer dans aucun auteur la description de cette maladie.

Ces polypes, de même que les tumeurs de la pulpe, nous paraissent susceptibles d'une guérison radicale. La méthode qui doit être appliquée à ce traitement consiste dans l'excision de la tumeur par la section de son pédicule. Le polype tombe alors dans la bouche, et l'on doit, pour éviter toute récidive, détruire par la cautérisation les dernières traces du pédicule ; puis, afin d'arrêter les progrès de la carie, on procède à l'*obturation* soit immédiate, soit précédée du traitement approprié.

C. — KYSTES PURULENTS OU ABCÈS SOUS-PÉRIOSTAUX DU PÉRIOSTE DENTAIRE.

(Planche, fig. 8.)

Les kystes purulents ou abcès sous-périostaux de la membrane alvéolo-dentaire (abcès alvéolaires, Tomes) appartiennent à la classe des affections inflammatoires du périoste. Ils sont caractérisés par un soulèvement du périoste formant à la surface des racines une poche, dont un côté est représenté par le périoste lui-même décollé, et l'autre par la surface osseuse du cément radiculaire.

Les dents qui sont susceptibles de présenter cette affection sont celles qui, profondément cariées, sont par suite privées totalement de leur pulpe et des faisceaux vasculo-nerveux qui s'y rendent. Quelquefois la couronne a complétement disparu, et l'organe est réduit à l'état de racine plus ou moins saillante hors de la mâchoire. Les dents antéro-supérieures y paraissent être plus particulièrement disposées, en raison sans doute de leur situation plus exposée aux influences extérieures, de leur carie plus fréquente, et, par suite, de la facilité avec laquelle elles deviennent lesi ége de périostite alvéolo-dentaire, cause première de la maladie.

Le siége spécial de l'altération est ordinairement le voisinage du sommet des racines, et plus souvent encore ce sommet lui-même, qu'on trouve embrassé complétement par la poche fibreuse.

Considérés dans leur apparence extérieure, les kystes ont la forme extérieure d'une poche fluctuante oblongue et aplatie lorsqu'elle occupe les côtés de la racine, ovoïde et allongée lorsqu'elle siége au sommet. La paroi fibreuse qui forme l'enveloppe est généralement épaisse et résistante, à surface extérieure lisse et blanchâtre, à surface profonde couverte de courts filaments irréguliers flottant dans le liquide de la cavité. L'autre paroi, formée du cément rarement sain, est granuleuse et inégale, présentant par places des dépressions irrégulières indiquant un travail partiel de résorption moléculaire. Lorsque la poche occupe le sommet même de la racine, ce sommet plonge au sein du liquide; mais nous avons toujours constaté que le canal dentaire était oblitéré, soit au niveau même du sommet; soit dans un point quelconque du trajet du canal dentaire. Cette particularité contribue d'ailleurs à expliquer le mécanisme de production du kyste, car, la conservation du canal dentaire offrant une issue constante au liquide purulent de la périostite, s'opposerait ainsi à la collection du liquide en poche membraneuse close de toutes parts.

La nature du liquide varie peu : le plus souvent il est blanc, purulent, quelquefois mélangé de sang contenant en suspension des substances diverses, telles que : granules graisseux, cholestérine, comme dans l'observation qu'on lira plus loin. Quant à la paroi elle-même, elle est constituée généralement par du tissu fibreux mélangé d'une plus ou moins grande quantité d'éléments fibro-plastiques.

L'étiologie des kystes purulents du périoste est assez simple : la cause éloignée est constamment la carie dentaire, dont l'envahissement a modifié profondément la vitalité de l'organe; la cause prochaine est une périostite chronique limitée au point de la membrane qui devient le siége de l'abcès, de sorte que le pus produit à la face profonde de la membrane ne trouvant pas d'issue extérieure, ni par le canal dentaire oblitéré, ni par l'alvéole, s'accumule en une poche close de toutes parts. La périostite cependant est loin d'être suivie constamment de kyste; beaucoup d'autres désordres en peuvent être la conséquence, tels que : fistules gingivales ou faciales, phlegmon de la joue, nécrose de l'alvéole, etc. Les kystes des racines représentent simplement un mode particulier de terminaison de la périostite offrant d'ailleurs un ensemble de symptômes spéciaux que nous allons déterminer brièvement.

Au début de l'affection, les malades éprouvent des douleurs profondes caractérisées par des élancements dont le siége répond assez exactement au niveau de la racine de la dent affectée; la douleur n'est pas continue, mais se produit à des intervalles plus ou moins considérables ; d'abord elle est légère, de courte durée, et, après quelques jours, cesse complétement, pour faire place à une période de calme pouvant durer quelques semaines et même plusieurs mois, La dent est toujours le siége d'une carie plus ou moins profonde, avec disparition totale de la pulpe, et conséquemment insensibilité complète de la cavité ; la gencive présente pendant la durée des périodes douloureuses une teinte rouge violacée, et la pression exercée au niveau du point malade de la racine est douloureuse; néanmoins la muqueuse n'est le siége d'aucun abcès, d'aucune fistule, et son bord libre est généralement parfaitement sain, contrairement à ce qui a lieu dans les tumeurs proprement dites. Ordinairement la joue présente une plaque rouge au même niveau, et la moindre pression sur ce point détermine de nouvelles douleurs. La percussion exercée sur la dent est le plus souvent tout à fait indolore, et, à part la teinte violacée de la muqueuse et l'état physique de la dent, la nature de la maladie ne saurait être indiquée que par les symptômes éprouvés. Ceux-ci, d'abord faibles aux premiers accès, augmentent en général d'intensité aux accès suivants, de sorte que les douleurs, toujours profondes et lancinantes, peuvent devenir intolérables. La joue n'offre pas de fluxion, et les accidents localisés au point malade du périoste semblent être le résultat des phénomènes d'ampliation et sans doute de congestion momentanée de la poche membraneuse.

La marche de la maladie est ordinairement lente et consiste donc, comme on voit, en une série d'accès successifs séparés par des périodes de calme, et dont l'intensité s'accroît peu à peu. Il en résulte que, depuis le début de l'affection jusqu'au jour où le malade arrive à réclamer les secours de l'art, il peut s'écouler plusieurs mois, parfois même plus d'une année. La production d'un kyste des racines nous paraît donc dépendre, non pas d'une périostite aiguë, comme le croit Tomes (1), mais d'une périostite à marche lente et

(1) Tomes, *Loc. cit.*, p. 278.

chronique, limitée à un point de l'étendue des racines d'une dent qu'une carie antérieure très-avancée a transformée pour ainsi dire en un corps étranger.

Le traitement de cette affection doit consister, comme on le pense bien, dans l'extraction de la dent affectée, opération qui n'offre de particulier que les difficultés ordinaires qu'on rencontre en présence des dents profondément cariées. Dans quelques cas cependant, lorsque le kyste occupe une dent antéro-supérieure, obturée, et dont la perte présenterait certains inconvénients, nous avons obtenu assez facilement la cessation des accidents aigus par l'application d'une ou deux sangsues sur le point de la gencive correspondant à la racine affectée. Ce moyen fait cesser rapidement les douleurs, et il suffit de le répéter à chaque période aiguë de la maladie pour lutter quelquefois très-longtemps contre l'extraction, à laquelle on est néanmoins fatalement conduit par les progrès de l'altération locale ; de plus, l'application successive de sangsues sur un même point de la gencive a quelquefois pour effet de produire l'établissement d'une fistule gingivale, qui succède d'ailleurs à une perforation de la poche sur le point correspondant à la piqûre. Il résulte de cette circonstance que le contenu du kyste trouve un écoulement permanent, que dès lors la poche s'affaisse, et tous les accidents profonds de l'intérieur de l'alvéole cessent complétement, faisant place à l'inconvénient très-faible d'une petite fistule, soit permanente, soit précédée de petits abcès se reproduisant fréquemment.

OBSERVATION. — *Kyste purulent rempli de cholestérine développé au sommet de la racine d'une canine supérieure gauche* (19 juin 1859). — Mme B., âgée de trente-neuf ans, d'une bonne constitution, a déjà perdu plusieurs dents extraites à la suite de caries dentaires simples (première petite molaire supérieure gauche, première grosse molaire inférieure droite). La canine supérieure gauche s'était cariée dès l'âge de vingt ans, et sa couronne s'était peu à peu détruite entièrement sans causer de douleur. Depuis déjà plusieurs années, cette dent est réduite à l'état de racine, et restait tout à fait indolente, lorsqu'il y a environ un an, Mme B. ressentit dans la mâchoire, sur le trajet de cette racine, quelques douleurs vagues extrêmement légères, auxquelles elle n'apporta que peu d'attention.

De temps en temps cependant après cette première atteinte, Mme B. éprouva de nouvelles douleurs s'établissant sur ce point pendant quelques jours, douleurs profondes, lancinantes, s'accompagnant d'une certaine sensibilité à la pression du doigt de la gencive correspondante et de la partie supérieure de la lèvre le long de l'aile du nez, sur le trajet de la racine malade. Ces douleurs ne duraient que peu de jours, et ne se produisaient qu'à des intervalles de un ou deux mois avec les mêmes caractères.

Il y a quinze jours environ, au milieu d'un calme complet, apparut subitement, et avec les mêmes caractères que précédemment, une douleur profonde qui s'établit bientôt en permanence; elle avait pour caractère d'être sourde, continue, tensive; elle s'acompagna dès le début d'une hyperesthésie cutanée extrême de la moitié correspondante de la face, et jusqu'à la partie correspondante du cuir chevelu, mais sans points névralgiques localisés. C'est ainsi que la malade déclare que même le moindre contact du doigt sur un point quelconque de la face était intolérable. La douleur ainsi établie s'accrut sensiblement pendant les premières semaines, laissant cependant de temps en temps plusieurs heures de calme. Mais depuis huit jours, elle acquit une intensité telle que tout repos était devenu impossible.

État actuel. — La joue n'est le siége d'aucun gonflement, d'aucune rougeur; elle est seulement très-sensible au moindre contact. La gencive qui correspond à la racine malade est rouge-brun et légèrement tuméfiée; elle n'est le siége d'aucun abcès ni d'aucun orifice fistuleux; elle recouvre complétement la racine, excepté dans un point qui forme une petite saillie pointue et fragile. La percussion pratiquée sur cette pointe démontre que la racine n'est nullement ébranlée, et ne provoque aucune douleur; le canal dentaire, très élargi à son orifice extérieur, se termine après un court trajet sans permettre au stylet de pénétrer jusqu'au sommet de la racine.

Je diagnostique un kyste au sommet de la racine, et procède à l'extraction.

Deux incisions verticales, pratiquées l'une en avant, l'autre en arrière, sur la gencive, isolent la racine, dont l'extraction au moyen du davier droit s'opère avec quelques difficultés, et après trois tentatives infructueuses.

Anatomie pathologique (*fig*. 8 *a*). — La racine extraite offre une longueur totale de 2 centimètres environ; la moitié inférieure est dure, résistante, constituée par la racine elle-même; la moitié supérieure est formée d'un renflement ovoïde, mou, adhérant au sommet de la racine et offrant une certaine mobilité: c'est une sorte de tumeur oblongue, un peu renflée à la partie la plus élevée, et arrondie régulièrement. Une membrane d'apparence fibreuse en forme l'enveloppe, qui est blanchâtre au point d'insertion à la racine, rouge et injectée au point opposé.

Une incision pratiquée suivant la longueur de la poche pénètre dans une cavité au sein de laquelle se prolonge le sommet même de la racine, et que remplit un liquide épais, rouge, d'apparence sanguinolente.

Examen microscopique. (M. Ch. Robin, 19 juin 1859) [*fig.* 8 *b.*] — Le liquide étalé sur une lame de verre montre au microscope une quantité considérable de cristaux de cholestérine formant plus de la moitié de la masse. Le reste est formé par des gouttes de graisse, également très-nombreuses, quelques leucocytes granuleux et hypertrophiés, et des globules sanguins en assez grand nombre.

La paroi se compose d'une trame fibreuse formée de fibres lamineuses entrecroisées en toutes directions, et disposées plutôt en nappes qu'en faisceaux dans une matière amorphe abondante finement granuleuse. On rencontre dans le tissu des tubes nerveux comme ceux du périoste normal, et des capillaires très-nombreux. Toute la préparation fait voir aussi par places une quantité considérable de granulations graisseuses de $0^{mm},001$ à $0^{mm},005$ de diamètre, et, sur certains points, des gouttes d'huile brillantes, les unes isolées, les autres rassemblées par petits groupes. On rencontre aussi çà et là quelques petits amas de grains d'hématosine, et quelques noyaux embryoplastiques.

EXPLICATION DE LA PLANCHE.

NOTA. — Les dents, ainsi que les tumeurs qu'elles supportent, sont représentées avec un grossissement d'environ 1/3 de leur volume réel.

Fig. 1. TUMEUR FIBREUSE développée dans l'intervalle des racines d'une première grosse molaire inférieure gauche. (1er groupe, *observation* 1re.)

Fig. 2. TUMEUR FIBRO-PLASTIQUE développée sur la face antérieure de la racine d'une deuxième petite molaire supérieure droite. (2e groupe, *observation* 4.)

a) La tumeur vue de profil.

b) Noyaux *embryoplastiques* (fibro-plastiques) contenus dans les tumeurs de ce groupe (grossissement de 450 diamètres.)

c) Corps fibro-plastiques fusiformes et étoilés des mêmes tumeurs (même grossissement.

Fig. 3. TUMEUR ÉPITHÉLIALE développée sur les racines d'une deuxième grosse molaire inférieure gauche. (3e groupe, *observation* 12e.)

a) La tumeur et la dent qui en est le siége.

b) Éléments épithéliaux (*cellules, noyaux*) contenus dans les tumeurs de ce groupe (grossissement de 450 diamètres,)

Fig. 4. TUMEUR A MYÉLOPLAXES, développée dans l'intervalle des racines d'une première grosse molaire supérieure droite. (4e groupe, *observation* 17e.)

a) La tumeur et la dent qui en est le siége.

b) Cellules à myéloplaxes de la tumeur (grossissement de 500 diamètres).

Fig. 5. TUMEUR A CYTOBLASTIONS développée sur la face externe de la racine interne d'une première grosse molaire supérieure droite. (5e groupe, *observation* 18e.)

a) La tumeur et la dent qui la supporte.

b) Cytoblastions (*cellules, noyaux*) constituant le tissu de la tumeur (grossissement de 500 diamètres.

Fig. 6. TUMEUR DE LA PULPE DENTAIRE développée à l'intérieur de la carie d'une première grosse molaire inférieure gauche.

Fig. 7. POLYPE DU PÉRIOSTE DENTAIRE contenu dans l'intérieur d'une carie qu'il remplit entièrement (*première grosse molaire supérieure droite*).

Fig. 7 *bis*. LA MÊME TUMEUR vue de profil et suspendue par son pédicule dans l'intérieur de la bouche, hors de la cavité de la carie.

Fig. 8. KYSTE PURULENT REMPLI DE CHOLESTÉRINE et développé au sommet d'une racine de canine supérieure gauche.

a) La racine terminée par le kyste.

b) Cristaux de cholestérine contenus dans le kyste (grossissement de 300 diamètres.)

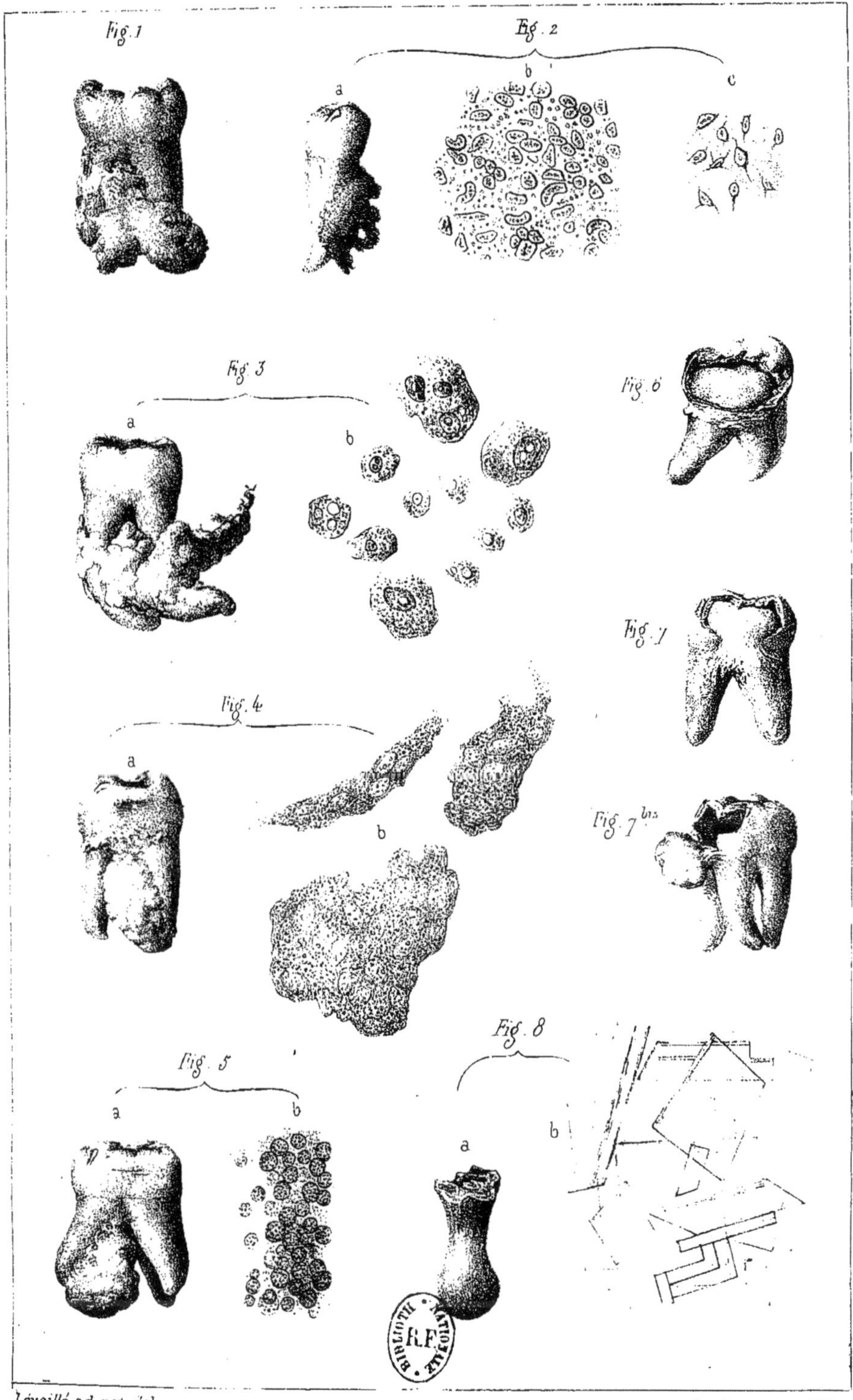

Léveillé ad nat. del.

Imp Lemercier et Cie Paris

Librairie J B Baillière et Fils

MÉMOIRE

SUR

L'OSTÉO-PÉRIOSTITE ALVÉOLO-DENTAIRE[1]

Les médecins qui ont apporté quelque attention aux affections diverses de la bouche ont pu être frappés de certaines circonstances dans lesquelles des individus éprouvent prématurément un ébranlement progressif et continu d'une ou de plusieurs dents, accompagné de suppuration abondante de l'alvéole, de phénomènes inflammatoires de la gencive, fongosités, abcès et de certains autres phénomènes particuliers, sans que cependant les dents elles-mêmes présentent aucune altération apparente de leur substance. On a pu remarquer, en outre, que cette affection, abandonnée à elle-même, aboutissait fatalement à la chute de ces organes.

Cette maladie, dont nous avons l'intention d'indiquer le siége anatomique précis et de déterminer la véritable nature, a été signalée déjà depuis longtemps par divers auteurs.

En effet, Jourdain (2), qui a laissé de cette affection un certain nombre d'observations, lui donne le nom de *suppuration conjointe* des alvéoles et des gencives, admettant que la lésion a pour siége simultané le tissu gingival et l'alvéole proprement dit, puis, regardant cet état comme de nature scorbutique, il conseille l'ablation des dents comme seul moyen de guérison.

Quelques années avant Jourdain, en 1746, Fauchard (3)

(1) *Archives générales de médecine*, 1867.
(2) Jourdain, *Maladies de la bouche*, 1778, t. II, p. 396.
(3) Fauchard, *le Chirurgien dentiste*. Paris, 1746, t. I, p. 275.

avait déjà remarqué cette étrange maladie, mais sans lui assigner de nom spécial, il reconnaissait l'impuissance de tout moyen thérapeutique et sa terminaison inévitable par la perte des dents.

Toirac enfin l'a signalée de nouveau, et frappé d'un des signes les plus caractéristiques de la maladie, lui donna le nom de *pyorrhée inter-alvéolo-dentaire*. Il est regrettable que cet auteur n'en ait tracé aucune description et se soit borné à faire sur ce sujet une simple communication orale dans une société médicale de Paris.

Oudet (1) le mentionne également dans ses excellents articles d'odontologie publiés dès 1835. Il lui conserve le nom assigné par M. Jourdain et suppose le premier que l'affection paraît siéger dans la membrane externe des racines.

C'est encore à cette maladie qu'on doit rapporter sans doute une certaine communication de Marchal (de Calvi) faite à l'Académie des sciences sous le nom de *gingivite expulsive* (2). On voit qu'il s'agit ici pour l'auteur d'une affection spéciale du tissu gingival ; or nous pensons montrer, par la suite de cette étude, que la gencice, n'étant jamais atteinte que consécutivement, n'est point le siége réel de la lésion.

Quoi qu'il en soit, il n'existe aucune étude complète de cette affection signalée et reconnue depuis longtemps, mais nullement décrite dans ses caractères particuliers, son siége exact, sa symptomatologie et enfin la thérapeutique rationnelle qui peut en amener la guérison.

La maladie dont nous nous occupons paraît essentiellement caractérisée au point de vue anatomique par une destruction lente et progressive de la membrane périostale et de la couche de cément qui lui est sous-jacente (3), destruc-

(1) Oudet, *Dictionnaire de médecine*, en 30 vol., t. X, p. 195.

(2) Marchal (de Calvi), *Comptes rendus de l'Académie des Sciences*, 1861, séance du 10 septembre.

(3) On sait que le *cément* (cortical osseux de Tenon) est représenté par une couche de tissu osseux proprement dit, étendue à toute la surface de la racine; son épaisseur varie de 1 à 3 millimètres dans le voisinage du sommet et il va en s'amincissant vers le collet. Il sert en quelque sorte d'intermédiaire organique

tion de nature inflammatoire, à marche chronique, procédant constamment du collet au sommet de la racine et entraînant fatalement la chute des dents.

Cette physionomie spéciale, ce mode de début et le siége précis de la lésion nous semblent donc justifier pleinement le nom que nous proposons d'*ostéo-périostite alvéolo-dentaire*.

Toutefois cette affection, malgré sa spécialisation primitive au périoste et au cément dentaires, se complique peu de temps après son apparition de certains désordres du côté de la gencive et de la paroi osseuse alvéolaire elle-même ; mais l'étude de la succession des phénomènes morbides ne nous permet pas d'admettre, ainsi que l'ont prétendu divers auteurs, que ces parties soient primitivement le siége du mal. Nous n'en voudrions pour preuve que la localisation isolée de l'affection à une ou plusieurs dents sans se propager nécessairement aux voisines, les circonstances du siége anatomique, les signes spéciaux de la lésion et enfin le fait de la guérison constante qui succède à l'ablation de la dent affectée.

Ces raisons nous paraissent devoir prouver surabondamment que c'est bien la dent et non point le tissu gingival ou toute autre partie qui doit être regardée comme le siége de l'altération.

ANATOMIE PATHOLOGIQUE.

Si l'on observe une dent enlevée de l'alvéole au début de l'affection, on constate sur le périoste dentaire, dans le voisinage du collet, point de début constant de la maladie, une légère injection disposée ordinairement par plaques irrégulières, quelquefois étendue en forme d'anneau horizontal incomplet au pourtour de la dent. La membrane est en même temps notablement épaissie, plus molle et inégale d'aspect. Un peu plus tard, le périoste présente un décollement manifeste dans la partie primitivement atteinte, tandis

entre l'ivoire et le périoste dentaire, lequel présente à peu près la texture du périoste osseux lui-même.

que la congestion a gagné vers le sommet de la racine. C'est au moment où commence ce décollement que la couche sous-jacente de cément, se trouvant ainsi découverte, se prend d'ostéite, puis de nécrose consécutive, et si l'on examine la surface de la racine en grattant le périoste avec un instrument mousse, on la trouve inégale, rugueuse, finement mamelonnée et offrant au doigt la sensation d'une râpe. Cette sensation est due à la disparition par places de la substance du cément et à sa persistance sur d'autres à l'état de petits fragments en voie de résorption.

L'altération que nous venons d'indiquer se propageant à partir du collet vers le sommet de la racine, arrive bientôt à occuper, soit toute la hauteur d'un des côtés de cette racine, soit la surface totale de celle-ci. Pour les dents à une seule racine, la maladie en occupe rapidement toute l'étendue, tandis que pour celles qui en ont plusieurs distinctes, la lésion peut se limiter à l'une d'elles et y rester fixée sans s'étendre aux voisines.

Dans le cours de la maladie, les parties du périoste et du cément primitivement atteintes, disparaissant par voie de résorption, l'ivoire reste en définitive complétement à découvert, tandis que l'envahissement continue vers les points de la racine où le cément présente une plus grande épaisseur. Il en résulte que si on vient à examiner avec une forte loupe la surface dentaire ainsi mise à nu, on y retrouve la disposition irrégulière et un peu ondulée de la dentine. Ce tissu, toutefois, ne paraît éprouver ni ramollissement ni aucune lésion quelconque.

Lorsque, par suite de la progression non interrompue de la maladie, l'injection a gagné de proche en proche, accompagnée du décollement et de la nécrose osseuse sous-jacente, le sommet de la racine est enfin entouré lui-même de tissus ainsi modifiés.

A ce moment, la gencive et les bords alvéolaires, frappés dans leur vitalité et leurs fonctions, éprouvent des altérations de voisinage, caractérisées par des phénomènes inflammatoires à marche lente et chronique, avec des fongosités ou ulcérations marginales que nous étudierons plus loin dans la symptomatologie.

En même temps on trouve l'alvéole tout entier rempli d'un pus crémeux, épais et jaunâtre, baignant toutes les parties altérées, et dont la production active et incessante entraîne les lambeaux mortifiés du périoste et du cément.

Les caractères anatomiques de l'altération ainsi observés à la période habituelle ou période d'état, se modifient notablement si on les étudie pendant une des crises ou périodes aiguës qui surviennent, comme on le verra, à des intervalles variés. Les parties sont alors le siége d'inflammation vive avec rougeur et injection intense du périoste, état congestif considérable du bord gingival devenu épais et sanguinolent. La quantité de pus fournie par l'alvéole est bien plus considérable, et la dent soulevée et allongée présente une mobilité extrême.

Si maintenant on soumet à l'examen microscopique les diverses parties altérées, on constate les éléments ordinaires de l'inflammation des tissus de l'ordre de ceux qui sont affectés dans cette maladie. Ainsi, en déposant sur une lame de verre les débris obtenus par le grattage de la racine, on reconnaît, au milieu d'un nombre considérable de leucocytes du pus, des lambeaux de périoste à l'état de trame fibreuse, épaissie, lâche, pénétrée de pus; des petits débris de cément, reconnaissables à leur constitution spéciale, si voisine de l'os : ostéoplastes irréguliers, disposés sans ordre au sein d'une substance fondamentale devenue opaque et granuleuse par suite de l'altération qu'elle a subie.

Au milieu de ces éléments, on rencontre encore des lambeaux d'épithélium pavimenteux provenant de la gencive; des bouquets d'oïdium et de leptothrix (*leptothrix buccalis*, Robin) (1), des vibrions (*vibrio lineola*, Ehrenberg) et un certain nombre de petites masses irrégulières composées de phosphates et de carbonates de chaux et constituant sans doute des dépôts de tartre.

(1) Robin, *Végétaux parasites qui croissent sur l'homme et sur les animaux vivants*. Paris, 1853.

A la période la plus avancée de la maladie, alors que presque toute la hauteur du périoste et du cément a été envahie et détruite, les lambeaux du périoste au voisinage du sommet et au pourtour de l'orifice d'entrée du faisceau vasculo-nerveux dans le canal dentaire, offrent souvent des végétations fongueuses plus ou moins abondantes et qui fournissent précisément la quantité de pus ordinairement si considérable qui suinte à ce moment de l'alvéole. Ce sont ces végétations, sujettes à des congestions passagères et subissant ainsi une augmentation de volume pour revenir ensuite à leur état habituel, qui donnent lieu au phénomène d'allongement des dents vers la fin de la maladie.

L'organe dentaire, considéré dans sa totalité, ne change pas ordinairement d'aspect. Toutefois, lorsque l'affection est ancienne et qu'elle a envahi par exemple une ou deux des racines d'une grosse molaire, la pulpe se trouve parfois frappée de gangrène, et la dent prend la coloration grise ou noirâtre caractéristique de cette lésion. Ce phénomène s'observe aussi pour les dents à une seule racine, comme les incisives, lorsque la maladie ayant occupé toute la hauteur d'une des faces de la racine, a déterminé la fonte du faisceau des vaisseaux et nerfs dentaires et privé la pulpe de ses éléments de nutrition. Si donc on pratique une coupe verticale dans une dent ainsi parvenue vers la fin de la maladie, on reconnaît que la pulpe, complétement disparue, est remplacée par un putrilage noirâtre. On constate en outre que la matière colorante noire résultant de cette gangrène a pénétré par les canalicules dans toutes les parties de l'ivoire, et que l'artère et la veine dentaires sont dans un état de vacuité complète.

Si enfin l'on examine une dent après qu'elle a été chassée spontanément par le seul fait de la maladie, on reconnaît que la couche de cément a complétement disparu, ainsi que le périoste sus-jacent, et que la racine a subi de la sorte une espèce de desquamation de ses deux moyens de protection, liens intermédiaires entre l'organe dentaire et le corps des maxillaires. L'ivoire est donc complétement mis à nu dans toute l'étendue de la racine, et il baigne dans le pus au milieu des fongosités qui remplissent la cavité alvéolaire. Cette résorption, parvenue au sommet de la dent où l'épaisseur du cément est parfois considérable, laisse après elle des inégalités et une sorte d'amincissement aigu qui le font paraître pointu et piquant au doigt. Il nous a même paru évident que l'ivoire lui-même éprouvait quelquefois à cette période extrême un commencement de destruction qui rapprocherait cette affection d'une autre maladie des dents que nous n'avons pas à décrire ici et qui est caractérisée par une résorption spontanée de la totalité de la racine.

Telles sont les lésions anatomiques qu'offre la maladie observée à ses différentes phases : injection, épaississement et fonte du périoste ; puis nécrose et élimination du cément, de sorte que la dent, au moment où elle tombe spontanément, est complétement privée de ces deux tissus. Nous devons toutefois mentionner une petite particularité dans les lésions anatomiques que nous venons d'indiquer ; elle consiste en ce que, dans certains cas, au lieu d'une disparition complète du cément, ce tissu offre, vers le sommet seulement, un épaississement avec végétations festonnées, comme cela s'observe dans les hypertrophies cémentaires ordinaires. Cette modification dans la nature des altérations ne change en rien d'ailleurs la marche et la terminaison de la maladie.

ÉTIOLOGIE.

Les causes de cette affection sont assez complexes et doivent être recherchées souvent, non dans un état local de la bouche ou des gencives, mais dans certaines conditions de la santé générale.

La maladie frappe ordinairement soit l'une des dents isolément, soit plusieurs d'entre elles ; mais dans ce dernier cas, les dents affectées ne sont pas nécessairement contiguës ; elles peuvent occuper divers points de la bouche éloignés les uns des autres. Toirac et Oudet croient avoir remarqué cependant que les incisives inférieures en étaient plus particulièrement et simultanément le siége. Nous n'avons pas reconnu cette particularité, qui nous paraît plus spéciale à la gingivite avec laquelle peut, dans certains cas, se confondre l'ostéo-périostite.

Les dents atteintes sont, par ordre de fréquence : en première ligne, les grosses molaires, puis l'incisive inférieure, les petites molaires, les incisives supérieures, et enfin les canines. Nous n'avons jamais observé cette maladie occupant simultanément la totalité des dents. Tantôt elle siége sur une ou deux incisives inférieures, ou bien sur les supérieures; tantôt les incisives sont épargnées et l'altération occupe une ou plusieurs molaires, ordinairement deux ou trois des côtés différents de la bouche. Parfois même la maladie n'atteint qu'une seule des racines de ces dernières ou même qu'un seul côté d'une racine, circonstance qui conserve à la dent pendant assez longtemps une certaine solidité.

Les dents affectées d'ostéo-périostite ne présentent en général aucune autre altération antérieure ou concomitante. La carie, par exemple, n'offre avec cette maladie aucune relation, et, si cette complication se présente, elle est purement accidentelle. Il est même utile de remarquer que les conditions locales qui accompagnent le développement de l'ostéo-périostite paraissent inverses de celles de la production de la carie : le milieu buccal est en effet plutôt alcalin qu'acide, et une production plus ou moins abondante de tartre s'observe sur les lieux d'élection. On pourrait même être tenté au premier abord d'attribuer à ce dépôt une part plus ou moins active dans l'étiologie de la maladie; il n'en est rien. Le dépôt de tartre représente un accident secondaire, et dans tous les cas sa formation, étant en général uniforme et continue dans une même région, ne saurait être invoquée dans la production d'une affection isolée et locale. Cette petite complication a toutefois une certaine importance, et nous verrons, à propos du traitement, combien son ablation est indispensable à la guérison.

Les remarques relatives aux conditions diverses que

présentent les sujets atteints d'ostéo-périostite sont très-importantes à noter.

L'âge auquel s'observe cette affection ne répond en général ni à l'adolescence ni à l'âge avancé ; l'époque moyenne est de 30 à 50 ans. Elle paraît également fréquente chez l'homme et chez la femme, et, pour cette dernière, elle apparaît souvent au milieu des phénomènes si complexes de la ménopause. Dans un certain nombre de cas, l'ostéo-périostite survient dans l'état de santé parfaite, et, quelque soin qu'on mette à en rechercher la cause, on ne la rencontre ni dans les conditions locales de la bouche, ni dans aucun désordre appréciable de l'économie. Toutefois, les tempéraments qui y paraissent disposés sont presque exclusivement les tempéraments sanguin et bilieux. Les constitutions d'ailleurs vigoureuses en apparence, mais sujettes aux congestions céphaliques, les personnes à professions sédentaires, les hommes de bureau, y sont particulièrement disposés. Nous avons également constaté plusieurs fois la relation qui se produit dans l'apparition des crises avec la cessation de l'écoulement menstruel ou des flux hémorrhoïdaux.

Cette influence des tempéraments se rattache encore à l'hérédité qui nous a paru dominer, dans certaines familles, l'apparition de la maladie. Ainsi des individus l'ont présentée pendant deux ou trois générations et dans des conditions analogues d'âge et de constitution.

Certains phénomènes intestinaux s'observent soit en coïncidence, soit en rapport étiologique; la constipation habituelle se remarque en effet chez les sujets atteints. Un médecin des hôpitaux de Paris, M. Vidal, a remarqué que ces mêmes sujets présentaient souvent des phénomènes dispeptiques. Peut-être ceux-ci étaient-ils dus aux difficultés de la mastication. Dans tous les cas, nous avons eu personnellement l'occasion de vérifier cette assertion.

Quelques états généraux ou diathésiques exercent sur la production de l'ostéo-périostite une action considérable. Ainsi le scorbut, les fièvres éruptives ont, comme on sait, parfois pour conséquence la chute des dents. Nous serions disposé à croire que, dans ces circonstances, le résultat est dû à la production de l'ostéo-périostite (1). Les goutteux et les rhumatisants la présentent souvent ; les individus frappés d'anémie consécutive à des affections longues sont dans le même cas, mais il n'est point de lésion générales qui exercent sur la production de la maladie d'influence plus grave que l'albuminurie et surtout le diabète. Pour la première, il s'agit ici, bien entendu, non de l'albuminurie symptomatique, mais de la maladie de Bright proprement dite.

Dans la glycosurie, ce phénomène est absolument constant, et il constitue même un des signes primordiaux de de l'état morbide. On trouve, en effet, dans la description de la plupart des auteurs qu'au début du diabète on observe que les dents s'ébranlent et se carient. Cette assertion, relative à la carie, n'est point exacte, mais la première l'est parfaitement et répond à l'ostéo-périostite qui suit dans son développement la même marche et la même progression que la maladie générale, pour arriver au moment de la terminaison de celle-ci à la perte d'un nombre considérable ou de la totalité des dents.

Nous n'avons point reconnu que d'autres conditions de la santé fussent en relation avec l'ostéo-périostite; ainsi certaines diathèses, comme la syphilis, dont les accidents tertiaires affectent les os et les tissus fibreux du périoste, ne paraissent pas la produire; les accidents mercuriels sont dans le même cas, et la gingivite, quelle qu'en soit la gravité, ne paraît en devenir ni le principe, ni la cause occasionnelle.

MARCHE ET SYMPTOMATOLOGIE.

L'ostéo-périostite, pendant toutes les phases de son évolution, suit constamment une marche essentiellement lente et chronique, présentant, depuis le moment de son début

(1) Voyez Salter, *Guy's hospital Reports*, 3e série, t. IV, p. 269.

jusqu'à la chute de l'organe, une durée qui n'est jamais moindre de quelques mois, et qui, le plus souvent, s'étend à plusieurs années.

Le phénomène initial, presque constant, consiste dans une déviation de la dent malade, soit qu'elle s'incline dans le vide laissé à son voisinage par la perte d'une autre dent, soit qu'elle se dirige en avant ou en arrière du bord alvéolaire, soit encore qu'elle subisse un certain mouvement de rotation sur son axe. Ce fait de la déviation est quelquefois le seul qui, au début, frappe les malades, en raison du changement qu'il apporte dans les rapports des arcades dentaires et de la gêne plus ou moins grande qui en résulte dans les fonctions de la bouche. Cette déviation s'accompagne bientôt après d'un léger allongement, de sorte que la dent affectée dépasse toujours sensiblement par son bord libre le niveau des voisines.

A ces premiers phénomènes succède immédiatement un état local du collet de la dent et du bord libre de la gencive. Celle-ci offre alors à l'observateur attentif un petit liseré rougeâtre, d'abord extrêmement étroit, dépassant rarement en largeur 1 à 2 millimètres. La dent ne présente encore aucune mobilité ; mais, lorsqu'on cherche à pénétrer avec un stylet fin dans l'intérieur même de l'alvéole, on sent qu'il s'est produit déjà un certain décollement, et si l'on presse légèrement sur la gencive au niveau du collet, on fait sourdre une petite quantité d'un pus blanc-jaunâtre, épais, qui forme aussitôt comme un anneau autour de la dent affectée, et que les malades observent eux-mêmes, surtout le matin, au réveil.

A une période plus avancée, la rougeur de la gencive s'est propagée, mais dans le sens vertical, suivant ainsi rigoureusement la direction de l'altération dentaire elle-même. On constate alors devant la racine affectée une petite bande injectée verticale, et si plusieurs dents sont simultanément atteintes, on les reconnaît à la présence d'autant de petites bandes qu'il y a de racines malades. Le bord libre de la gencive subit à ce moment un peu d'épaississement, ou devient le siége de petites protubérances ou de fongosités qui se logent dans les interstices dentaires. Ces altérations gingivales donnent lieu à des hémorrhagies spontanées ordinairement faibles, mais assez fréquentes, et les malades se réveillent souvent le matin avec la bouche pleine de sang. Quelquefois au lieu de fongosités saignantes, on observe des ulcérations marginales grisâtres, ordinairement stationnaires et non douloureuses, reposant sur un tissu violacé, tuméfié et ramolli, mais étalées irrégulièrement, sans présenter les bords taillés à pic et les taches ecchymotiques que M. Bergeron a signalées dans les ulcérations de la stomatite ulcéreuse (1); puis le décollement continuant son cours, et se proportionnant à l'étendue même de la plaque rouge, la suppuration, signe pathognomonique et constant de la lésion, y trouve un refuge facile, devient plus abondante, plus active et toujours aisément appréciable à la pression du doigt.

La maladie, au début parfaitement indolente, prend, à un certain moment, un caractère légèrement douloureux en même temps qu'un faible ébranlement de l'organe devient perceptible. La sensation qu'accusent les malades est une sorte de chaleur de la bouche, jointe à une saveur âcre. Cette sensation de chaleur, lorsqu'elle se constate chez les sujets qui présentent sur plusieurs points simultanés des atteintes d'ostéo-périostite, répond à une élévation réelle de la température. Nous avons fait à cet égard une série de six observations, dans lesquelles la température de la bouche, prise au niveau des point affectés entre la joue et la gencive, était de un à deux degrés supérieure à celle du creux axillaire. Or, on sait, par les recherches de M. Roger (2), que la température de la bouche est normalement toujours inférieure à celle de l'aisselle. Nos résultats appartiennent d'ailleurs à toutes les lésions inflammatoires de la gencive, aux différentes formes de gingivite, etc. (3).

(1) Bergeron, *De la Stomatite ulcéreuse des soldats*, 1859, p. 96.
(2) Henri Roger, *Archives générales de médecine*, 1844, t. LXV, p. 301.
(3) Voy. Bergeron, *loc. cit.*, p. 140.

Dans le cours de l'ostéo-périostite, l'haleine est chaude et devient rapidement fétide, si plusieurs dents sont affectées simultanément. Le caractère de l'haleine est ici un peu différent de celui qu'elle présente dans la carie dentaire et les diverses affections du pharynx et des voies aériennes; elle est en même temps fade et fétide. Les sujets éprouvent une sensation de plénitude et de chatouillement de la gencive, et comme un besoin impérieux de passer le cure-dent ou d'autres corps étrangers dans les interstices dentaires voisins du point malade, de manière à provoquer un léger écoulement de sang, qui amène en général un soulagement momentané. D'autres fois la douleur est sourde, pongitive, ressemblant assez à une sorte de tension ou de pesanteur profonde au niveau de la dent affectée. La pression des dents opposées peut même produire un certain soulagement en raison sans doute du dégorgement vasculaire qu'elle provoque. C'est ainsi que certains malades éprouvent le matin, après le repos de la nuit, une espèce d'agacement des dents malades qui disparaît après quelques pression des arcades dentaires.

Dans la phase qui suit la série des phénomènes précédents, et qu'on peut appeler la période d'état de la maladie, l'alvéole est en pleine suppuration ; la dent offre un ébranlement plus ou moins considérable, et le décollement est assez avancé pour permettre à un stylet de pénétrer fort avant et de percevoir au contact les lésions qu'ont subies le périoste et le cément. Les accidents prennent alors une physionomie nouvelle. L'état habituel, pénible ou faiblement douloureux, est interrompu par de courtes périodes inflammatoires aiguës, avec douleurs permanentes, s'exaspérant encore au contact des dents opposées ou à la pression du doigt. La dent est en même temps plus allongée, la suppuration plus abondante, de sorte qu'elle s'écoule spontanément au dehors, et l'ébranlement devient considérable. Ce dernier signe est toutefois assez variable suivant certaines circonstances. En effet, si la dent affectée n'a qu'une seule racine, il sera très-prononcé; mais si l'une des racines d'une molaire est seule atteinte, la dent peut rester relativement solide.

Pendant les périodes aiguës de la maladie ou à leur suite, la gencive devient presque constamment le siége de petites pustules ou abcès furonculaires du volume d'une grosse tête d'épingle ou d'un petit pois, simples ou multiples, sans fluxion de la joue ou des lèvres, ordinairement sans accidents généraux et aboutissant à une petite perforation fistuleuse qui persiste jusqu'à la fin de la crise, et souvent même longtemps au delà. Ces petites perforations livrent directement passage à la racine altérée et deviennent un nouveau trajet à la suppuration qui s'écoule alors également par le bord alvéolaire et par la fistule. La muqueuse, au pourtour de l'orifice de celle-ci, devient molle et saignante comme au bord libre de la gencive. L'haleine augmente de fétidité, une salivation abondante s'ajoute et fatige beaucoup les malades, puis la période aiguë s'apaise et disparaît, faisant place à l'état indolent antérieur, mais pour revenir après un intervalle qui varie de quelques semaines à plusieurs mois.

Dans la période extrême de la maladie, la dent, dénudée dans toute l'étendue de sa racine, ne tient plus à la mâchoire que par quelques faibles adhérences fibreuses du sommet; la gencive décollée tombe et flotte dans la bouche; la paroi alvéolaire elle-même s'est affaissée par résorption, et la dent, très-mobile, change ordinairement de couleur. De blanche ou jaunâtre qu'elle était normalement, elle devient grise, bleuâtre ou noire, phénomène qui résulte, ainsi que nous l'avons dit, de troubles profonds apportés dans sa vitalité par des lésions spéciales de la pulpe. En effet, l'inflammation ayant gagné de proche en proche jusqu'au sommet de la racine, point d'émergence des vaisseaux et nerfs nourriciers de la dent, ceux-ci éprouvent eux-mêmes par continuité les effets de la maladie, et subissent une destruction dont la conséquence immédiate est la gangrène de la pulpe.

A ce moment, la maladie marche avec une grande rapidité

vers sa terminaison, la chute de la dent : l'ébranlement devient une cause de gêne considérable ; les crises aiguës se rapprochent ; l'état indolent habituel des périodes précédentes disparaît pour faire place à une sensation permanente de pesanteur, accompagnée d'élancements, et une quantité considérable de pus s'échappe de l'alvéole à la moindre pression. A ce moment, les dernières adhérences fibreuses qui rattachent encore l'organe au fond de la cavité alvéolaire, s'hypertrophient sous forme de fongosités rougeâtres, et ajoutent leurs produits inflammatoires au pus qui baigne l'alvéole. Ces fongosités soulèvent nécessairement la dent, qui se balance alors dans la bouche, provoquant au moindre contact une douleur intolérable. Enfin, pendant une des crises aiguës, l'organe, incessamment repoussé hors de la mâchoire, finit, à la suite d'un choc, ou même spontanément, par se détacher et tombe dans la bouche.

Ainsi s'achève la maladie par l'expulsion véritable de l'organe malade, et ensuite la gencive, siége des diverses lésions consécutives que nous venons de décrire, revient sur elle-même, entre en cicatrisation rapide, sans conserver désormais aucune trace de la lésion dentaire.

Avant de terminer l'exposé symptomatologique de l'ostéo-périostite, nous devons noter quelques complications qui peuvent survenir dans le cours de la maladie.

Nous signalerons en première ligne *la salivation* qui peut se produire à toutes les périodes de l'affection, dont elle suit les phases successives, s'exaspérant dans les crises aiguës et devenant plus faible dans leurs intervalles.

Un autre accident, également très-fréquent, est l'*adénite sous-maxillaire*, dans le cas d'ostéo-périostite d'une ou de plusieurs dents de la mâchoire inférieure. Elle survient ordinairement non au début de l'affection, mais à une période assez avancée, principalement aux époques des crises inflammatoires.

La *stomatite* généralisée s'observe également, mais plus rarement, par propagation de l'inflammation locale, soit à un côté de la bouche, soit plus rarement à toute l'étendue de la muqueuse gingivale. Elle peut même, dans ce dernier cas, s'étendre jusqu'au pharynx, et donner lieu à de l'amygdalite, ou à une angine pharyngée simple.

Cette relation de la stomatite avec l'ostéo-périostite dentaire n'avait point échappé à un précédent observateur, M. Bergeron (1), qui a remarqué que dans la stomatite ulcéreuse des soldats, la maladie avait une certaine tendance à se localiser sur une ou plusieurs dents, lorsque celles-ci présentaient un commencement d'affection du périoste.

Pendant le cours des crises, il peut se produire encore certains phénomènes de voisinage, phlegmon de la joue ou fluxion ordinairement simple et se terminant le plus souvent par résolution, mais pouvant, si cet accident se reproduit à plusieurs reprises, entraîner la production, dans le tissu cellulaire de la joue, d'un foyer purulent qui s'ouvre au-dehors et laisse à sa suite une fistule faciale.

Ces divers phénomènes inflammatoires s'accompagnent quelquefois d'accidents généraux, comme fièvre, céphalalgie, etc., et nécessitent alors une intervention rapide, soit par les moyens curatifs que nous indiquerons, soit par la suppression de la dent affectée, si le cas est au-dessus des ressources de l'art.

DIAGNOSTIC.

L'ostéo-périostite dentaire est une affection caractérisée d'ordinaire assez nettement par ses phénomènes locaux, et peut être reconnue sans difficulté : déviation du début, puis ébranlement et allongement suivis de la période de décollement gingival et de suppuration alvéolaire. Ce dernier signe, véritablement pathognomonique de la maladie, s'observe pendant toute sa durée, depuis la période initiale jusqu'à l'époque la plus avancée. D'autre part, la maladie présente, comme physionomie particulière, sa dépendance fréquente d'un état général de l'économie, état quelquefois

(1) Ouvrage cité p. 72.

bien déterminé, comme le diabète ou l'albuminurie, d'autres fois mal défini il est vrai, et consistant dans une exagération du tempérament sanguin, avec congestions céphaliques, intermittences hémorrhoïdales, suppression du flux menstruel, etc.

Cet ensemble de faits ne permet guère de confondre cette affection avec d'autres. Nous allons toutefois esquisser quelques indications diagnostiques.

La *gingivite* offre quelques points de ressemblance avec l'ostéo-périostite, C'est cette confusion qu'à commise Marchal (de Calvi). Nous ferons remarquer à cet égard que la gingivite n'occupe jamais un point isolé de la bouche, ou plusieurs points localisés simultanément comme des dents éloignées l'une de l'autre, mais bien une région plus ou moins étendue, ou la totalité des arcades dentaires; l'ébranlement de la dent, au lieu d'être primitif, est secondaire et n'apparaît le plus souvent qu'à la suite d'une gingivite longue et rebelle. En outre, la suppuration, lorsqu'elle se produit, n'occupe que le bord libre ou le collet des dents, mais non point l'intérieur même de l'alvéole, de sorte que la pression du doigt sur la gencive n'exagère pas l'écoulement purulent. De plus, le bord gingival épaissi et hypertrophié dans la gingivite est souvent réduit de volume, atrophié avec ou sans ulcération dans l'ostéo-périostite. Enfin, la marche et la terminaison de la gingivite sont différentes, et si cette dernière amène parfois dans les cas graves la chute de quelques dents, cette issue n'est pas fatale, comme le croit Marchal (de Calvi), quand il décrit la *gingivite expulsive*.

La gingivite seule ne saurait produire ce résultat sans une lésion du périoste ou de l'organe dentaire lui-même. Nous n'insisterons pas sur cette distinction bien établie par un excellent observateur le Dr G. Delestre, dans une monographie sur la *gingivite* (1).

D'autres formes de stomatite, soient simple ou mercurielle, soient ulcéro-membraneuse ou diphthéritique, ne sauraient

(1) *Du Ramollissement des gencives*; thèse inaugurale, 1861, p. 17.

être non plus l'objet d'aucune confusion. Leurs causes spéciales, leur caractère souvent épidémique, leur siége, sur une étendue quelconque de la muqueuse des joues, des lèvres ou de la langue, sans participation nécessaire de la gencive, sont des signes particuliers. Ces remarques n'ont d'ailleurs nullement échappé aux divers auteurs qui ont décrit ces affections (1).

Une autre altération dentaire qui présente avec l'ostéo-périostite quelque analogie, c'est la résorption spontanée des racines des dents permanentes; l'affection locale lente et progressive aboutissant, lorsque la résorption est très-avancée, à la chute spontanée de l'organe. Nous décrirons ailleurs cette maladie fort peu connue, bien qu'assez fréquente (2), mais nous dirons ici que, pour la différencier de l'ostéo-périostite, il suffit de remarquer qu'elle n'occupe jamais, comme cette dernière, plusieurs dents simultanément ou consécutivement, mais une seule, toujours isolée, et qu'elle résulte constamment d'un traumatisme antérieur ou d'une gangrène de la pulpe, particularités appréciables soit à l'examen direct, soit à l'étude des antécédents.

La périostite alvéolo-dentaire, avec ses formes variées, présente avec la maladie qui nous occupe quelques points de ressemblance : nous parlerons surtout de la périostite chronique avec exacerbations aiguës et périodes de calme intermédiaires, ébranlement et quelquefois suppuration abondante. Nous objecterons à cette assimilation les mêmes remarques que pour la résorption des racines : la périostite est locale et isolée à une seule dent; elle succède le plus ordinairement à une lésion grave antérieure de l'organe dentaire, carie pénétrante, luxation complète, et, de plus, elle est constamment douloureuse, ce qui n'est qu'accidentel ou exceptionnel pour l'ostéo-périostite.

D'autres affections du périoste devront encore être prises en considération; les kystes purulents sous-périostaux, les

(1) Voyez Bergeron, ouvr. cité, p. 72 et 152. — Blache, *Bulletin de thérapeutique*, t. XLVIII. — Isambert, *Études sur le chlorate de potasse*, 1856, p. 36.

(2) Voy. notre *Traité d'odontologie*, sous presse.

fongosités et les tumeurs diverses. Les kystes ont une marche indolente avec crises aiguës, phénomènes de voisinage, phlegmon de la joue, etc.; seulement, il ne se produit ni allongement ni déviation de la dent qui reste relativement fixe et immobile.

Les fongosités ou les tumeurs du périoste dentaire sont des productions dont les phénomènes morbides se rapprochent beaucoup plus que les précédents de ceux de l'ostéo-périostite; la marche est analogue ainsi que le décollement de la gencive, l'ébranlement et l'allongement de la dent et la suppuration alvéolaire. Nous devons rappeler d'ailleurs que parfois des hypertrophies périostales surviennent dans les dernières phases de l'ostéo-périostite; mais dans le cas où ces lésions sont essentielles, elles offrent cependant des caractères assez tranchés. D'autre part, le développement de fongosités ou d'une tumeur n'affecte jamais qu'une seule dent à la fois (1).

Nous n'étendrons pas plus loin ces considérations diagnostiques, les autres affections dentaires ne pouvant présenter avec l'ostéo-périostite aucune analogie sérieuse; telles sont : la carie dentaire dont la physionomie est toute spéciale, les névralgies faciales, etc.

TRAITEMENT.

Les auteurs qui ont reconnu ou signalé cette maladie sont loin d'avoir tous désigné une méthode de traitement. Le plus grand nombre déclaraient simplement que l'intervention de l'art était tout à fait impuissante et se bornaient à indiquer l'extraction des dents affectées comme seul moyen thérapeutique. Telles étaient, comme nous l'avons vu, les idées de Fauchard, Jourdain, etc. Ce moyen est, en effet, radical et entraîne immédiatement la cessation de tout accident, ce qui constitue une preuve de plus que la maladie est bien de nature dentaire et non gingivale.

(1) Voyez plus haut notre *Mémoire sur les tumeurs du périoste dentaire.*

Bourdet, et après lui Toirac, songèrent, les premiers, à opposer à la maladie une thérapeutique moins absolue et proposèrent l'application de certains moyens : en premier lieu, ils pratiquaient une incision en V à sommet dirigé vers l'extrémité de la racine et circonscrivant un lambeau triangulaire à base répondant au collet de la dent. Le lambeau détaché, ils passaient un petit cautère sphérique ou olivaire sur toute la surface de la racine ainsi dénudée et laissaient ensuite les parties abandonnées à elles-mêmes.

Cette méthode qui, de l'aveu même de Toirac, ne lui a pas fourni de résultats heureux, a produit entre nos mains des effets tels que nous avons dû aussitôt y renoncer. Il a pour inconvénients principaux d'abord de priver la gencive d'un lambeau étendu que les ressources des tissus ne sont pas aptes à réparer et ne réparent jamais complétement. En outre, le cautère actuel promené sur la racine anéantit absolument le périoste et le cément qui sont également incapables de se reproduire, en même temps qu'il peut développer au centre de la dent une réaction inflammatoire ou des désordres plus ou moins graves de la pulpe et amener même sa mortification complète.

Oudet (1), convaincu avant nous de l'impuissance et des dangers de ce procédé, avait conseillé l'emploi de moyens généraux dérivatifs : l'application d'un séton, des purgatifs répétés. Il affirme avoir obtenu un certain nombre de résultats favorables.

Plus récemment, Velpeau et Bauchet (2), considérant la maladie comme une forme particulière d'ulcération des gencives, conseillèrent les applications répétées d'alun et des cautérisations avec le nitrate d'argent. Nous reprocherons au premier de ces moyens d'exposer les dents aux altérations si graves et si spéciales de l'alun sur le tissu de l'émail, ainsi qu'il résulte de nos expériences (3), et au

(1) *Dictionnaire*, en 30 vol., 1835, 2e édit., t. X, p. 199.

(2) *L'Union médicale*, 1853, p. 312.

(3) Voyez *De la Salive considérée comme agent de la carie dentaire*, 2e édition, 1867, p. 57.

second l'inconvénient de produire à la surface des dents des colorations noires presque indélébiles.

Dans ces derniers temps enfin divers auteurs ont proposé d'autres applications topiques : Marchal (de Calvi) (1), bien qu'il ait, selon nous, méconnu la nature réelle de la lésion, préconisa la teinture d'iode, moyen appliqué déjà depuis longtemps par Delestre dans la gingivite (2). Nous avons essayé nous-même cet agent à plusieurs reprises et il ne nous a donné dans aucun cas des résultats satisfaisants. L'iode, employé même à une dose supérieure à la teinture au douzième, c'est-à-dire en macération concentrée où à l'état solide, n'a produit sur les parties qu'une irritation sans résultat favorable.

Dans ces derniers temps enfin, un médecin des hôpitaux, M. Vidal (3), avait songé à opposer à cette maladie des applications fréquentes de perchlorure de fer neutre. Nous croyons que ce liquide n'est pas pourvu d'une causticité suffisante, et il a de plus l'inconvénient de noircir les dents au même titre que toutes les préparations ferrugineuses solubles.

Pénétré de l'insuffisance de ces moyens, nous nous sommes efforcé d'instituer une thérapeutique réellement efficace de cette rebelle affection. Cette recherche nous paraissait devoir remplir deux indications solidaires : 1° modifier l'état local; 2° traiter les états généraux qui dominent toujours, dans une certaine mesure, l'affection buccale.

Afin d'amener une modification salutaire et suffisante de l'état local, étant démontrées l'inefficacité complète ou l'impuissance des divers procédés jusqu'ici employés, nous avons songé à nous adresser à un agent caustique d'une grande énergie, en même temps que d'un maniement facile et d'une innocuité relative assez grande, soit pour la bouche

(1) *Loc. cit.*, p.
(2) Ouvr. cité; thèse inaugurale, 1861, p.
(3) Communication orale.

elle-même, soit pour l'économie, en cas d'ingestion, l'*acide chromique*.

Cet agent, appliqué depuis un certain temps dans la thérapeutique chirurgicale à titre de caustique sur certaines fongosités, végétations, etc., n'avait pas encore été employé dans la bouche. Il se présente, comme on sait, sous l'aspect de petits cristaux d'un rouge vif, entrant à l'air très-rapidement en déliquescence et déposant un liquide brun foncé presque noir.

Pour pratiquer la cautérisation de la cavité alvéolaire elle-même, au moyen de l'acide chromique, nous procédons de la manière suivante (1) : Au moyen d'une baguette de bois taillée à plat, et chargée d'une faible quantité d'*eau de déliquescence*, ou de quelques cristaux, on promène doucement la substance à la partie antérieure du collet de la dent affectée, en ayant soin de soulever légèrement la gencive, et après avoir pris la précaution indispensable d'enlever soigneusement les dépôts de tartre s'il s'en est formé. Ainsi déposé à l'entrée de l'alvéole, l'acide chromique s'écoule aussitôt le long de la racine et baigne ainsi toutes les parties affectées; on applique alors, pendant quelques minutes, entre la lèvre ou la joue et le point touché, une bande de charpie ou d'ouate, afin de protéger les muqueuses voisines, et on laisse les choses abandonnées à elles-mêmes.

La première application d'acide chromique doit être faite très-légèrement, afin d'apprécier la susceptibilité du sujet, aussi pourra-t-on, dans certains cas, chez les femmes, par exemple, commencer par une solution aqueuse ou alcoolique assez faible (parties égales); pour parvenir, après plusieurs séances, à l'acide chromique pur.

L'effet immédiat de la cautérisation est une sensation d'ailleurs très-légère, sourde et profonde, s'irradiant parfois, mais faiblement aux parties voisines, quelquefois complétement nulle, surtout après plusieurs applications antérieures. Au bout de quelques heures, commence alors une

(1) Voir notre mémoire sur *l'Acide chromique* (*Bulletin de thérapeutique*, 1869.)

réaction inflammatoire très-variable, suivant les individus ou la dose employée, et les phénomènes douloureux s'accompagnent d'une augmentation notable dans l'ébranlement de la dent affectée ; le bord gingival se recouvre d'une eschare superficielle dont la chute entraîne dans les limites exactes de la surface touchée une véritable desquamation épithéliale ; la suppuration alvéolaire augmente notablement, puis survient une sédation, toujours suivie d'une amélioration sensible sur l'état primitif.

Dans la plupart des cas, sauf ceux qui répondent au premier début de la maladie, une seule application n'est jamais suffisante, et si l'on bornait là le traitement, la maladie reprendrait sa gravité. Il faut donc renouveler, à certains intervalles, l'application d'acide chromique, et nous avons, à cet égard, l'habitude, dans notre pratique, de les répéter tous les six ou huit jours en moyenne, en augmentant en même temps la dose de substance, de manière à provoquer des effets caustiques progressivement croissants. Les cautérisations à l'acide chromique ne doivent pas, dans tous les cas, être bornées au collet même de la dent, et on peut les appliquer avec une grande efficacité aux fongosités gingivales du bord libre, ou à celles qui répondent à l'orifice des perforations fistulaires que nous avons signalées. Ainsi employées, elles les répriment rapidement et provoquent souvent l'oblitération du pertuis.

L'application dans la cavité buccale d'une substance de la nature de l'acide chromique peut soulever *à priori* des objections auxquelles nous devons répondre. Au point de vue local, on peut craindre en effet une action caustique trop vive de la muqueuse, dans le cas surtout d'application un peu irréfléchie. Cet accident peut se produire, mais hâtons-nous de dire qu'il est promptement modéré par le passage rapide de l'acide chromique à l'état de chromates, au contact des sels alcalins de la salive. Au point de vue de la santé générale, en cas de pénétration de la substance dans l'estomac, en supposant qu'il s'en introduise par hasard une faible quantité, cet accident serait sans danger.

Nous savons, en effet, depuis le remarquable travail de M. Delpech sur l'hygiène des ouvriers employés aux préparations chromiques (1), que ces agents sont à peu près inoffensifs, quand ils sont ingérés à faible dose, et que les phénomènes morbides qu'offre cette industrie sont surtout des effets locaux caustiques sur les parties exposées du corps.

Toutefois, l'acide chromique et les chromates introduits dans l'estomac agiraient, suivant M. Delpech, comme vomitifs énergiques; mais nous n'avons observé jusqu'à ce jour aucun fait de ce genre.

Les applications d'acide chromique ainsi faites au collet et dans l'alvéole même, à intervalles réguliers, ne constituent pas notre seul traitement local, et nous y ajoutons constamment l'emploi du chlorate de potasse, à la dose quotidienne de 1 à 3 grammes. Le mode d'administration auquel nous nous sommes définitivement arrêté est la forme des pastilles.

Nous formulons à cet égard la préparation de la manière suivante :

Chlorate de potasse.................. 20 grammes.
Sucre.............................. q. s.
Pour faire 80 pastilles à 0,25 c. chaque de chlorate.
Aromatisez avec essence de menthe.

Nous faisons prendre au malade six à huit pastilles par jour, c'est-à-dire 1 gramme et demi à 2 grammes de chlorate de potasse, et sous cette forme commode, facile, ne dérangeant ni les habitudes ni les occupations des malades, nous obtenons un effet double : 1° l'effet local, en recommandant de laisser fondre les pastilles au contact des parties affectées; 2° l'effet ordinaire par l'élimination salivaire.

Le chlorate de potasse, employé de cette manière et à la dose que nous venons d'indiquer, est en général d'une innocuité complète pour la santé. Toutefois, dans certaines circonstances, il amène un peu de fatigue et d'intolérance de

(1) *Bulletin de l'Académie impériale de médecine*, 1863-64, p. 289.

l'estomac. Alors nous substituons, à l'emploi des pastilles, l'application topique extérieure du chlorate pur et porphyrisé, ou bien le mélange suivant :

Chlorate de potasse.......... } parties égales.
Borate de soude.............. }

L'administration du chlorate de potasse ne figure d'ailleurs dans notre traitement qu'à titre d'adjuvant, et dans le but surtout de modifier simultanément les complications gingivales. Nous sommes en effet bien convaincu, avec MM. Bergeron et Isambert, que son rôle serait absolument insuffisant ou inefficace contre l'ostéo-périostite (1).

Dans le cas, fort rare d'ailleurs, où par suite de susceptibilités des dents ou en raison de caries concomitantes, l'application du chlorate de potasse produit des douleurs ou des accidents, nous lui substituons certaines teintures ou macérations astringentes de crucifères, celles de cochléaria ou de cresson de Para employées pures en badigeonnages avec un pinceau.

Dans ces derniers temps, un des jeunes chirurgiens des hôpitaux les plus distingués, M. A. Després, a fait quelques essais d'application du chlorure de zinc contre cette rebelle affection, et paraît en avoir obtenu d'assez bons effets. En attendant que les observations de M. Després soient plus nombreuses et plus concluantes, nous ferons toutefois remarquer que l'emploi de cet agent peut, ce nous semble, présenter quelques inconvénients sérieux dans le cas, par exemple, de défectuosités anatomiques des dents ou de caries commençantes ou confirmées.

Pour terminer l'indication des moyens locaux contre l'ostéo-périostite, nous devons mentionner certaines applications adjuvantes auxquelles nous attachons une notable importance. Ainsi, dans le cas où plusieurs points sont simultanément atteints avec atonie générale des gencives et absence de carie dentaire, nous conseillons des frictions fré-

(1) Voyez Isambert, ouvr. cité, p. 36.

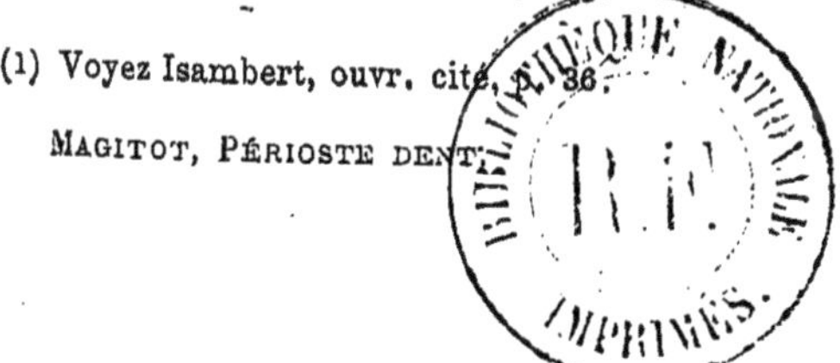

quentes avec des quartiers d'oranges ou de citrons aussi mûrs que possible, ou bien encore avec des feuilles de cresson de Para, soit fraîches, soit macérées dans l'alcool.

Les émissions sanguines locales, scarifications, sangsues, ont été conseillées par divers auteurs. Sans les recommander d'une manière générale, nous croyons leur intervention utile dans les périodes de crises inflammatoires de la maladie avec douleur et allongement considérable de la dent affectée. Elles sont alors susceptibles de ramener plus rapidement l'état habituel et de permettre le retour au traitement spécial énergique.

Le traitement général institué concuremment aux applications locales doit s'adresser aux indications particulières que peut présenter chaque sujet déterminé. Ainsi, chez les gens à profession sédentaire et sujets aux congestions céphaliques ; chez ceux où domine le tempérament sanguin, on devra employer les dérivatifs intestinaux, purgatifs doux répétés à intervalles rapprochés, la magnésie calcinée, ou mieux les eaux minérales purgatives, l'eau de Pullna, etc. Nous avons retiré un excellent effet, soit du traitement hydrothérapique simple, soit des bains de vapeurs et des douches sulfureuses; l'un de nos malades, qui passait une saison à l'établissement thermal de Luchon pour une affection rhumatismale, est revenu complétement guéri d'une ostéo-périostite assez avancée.

Si l'affection est lié à la suppression des flux hémorrhoïdaux ou menstruels, on devra se préoccuper de les ramener par la série des moyens appropriés aux différents cas.

On a vu plus haut, dans nos remarques sur l'étiologie de l'ostéo-périostite, que cette affection accompagnait presque constamment le bébut du diabète et de l'albuminurie, et que les progrès de la lésion dentaire suivaient la même marche que l'affection générale. Nous devons dire ici que, dans ces circonstances, le traitement rationnel n'est autre que celui de la maladie générale et que les applications topiques, ainsi que les divers moyens que nous venons d'indiquer, ne doivent occuper qu'un rôle secondaire. Suivant

M. le professeur Piorry (1), la perte des dents chez les diabétiques pourrait être attribuée à des phénomènes de résorption des éléments calcaires de l'organe par l'urine, et l'administration du phosphate de chaux aurait eu, dans certains cas, une notable influence. Il sera utile, dans les circonstances de ce genre, de recourir avant tout traitement à l'examen des urines.

En résumé, le traitement de l'ostéo-périostite devra, suivant nous, consister dans les données suivantes :

1° Applications périodiques répétées tous les six ou huit jours d'acide chromique solide ou déliquescent ;

2° Emploi habituel du chlorate de potasse à la dose de 1 à 4 grammes par jour, sous forme de pastilles, ou, en cas de contre-indications, application de cette substance en topique extérieur ;

3° Antiphlogistiques locaux, sangsues ou scarifications des gencives, dans les cas d'hyperémie ou de congestion plus ou moins vive des parties ;

4° Emploi de divers moyens généraux, dérivatifs cutanés ou intestinaux ;

3° Prescription de certaines règles d'hygiène ou de régime appropriées.

Les observations dont nous allons faire suivre cet exposé développeront et compléteront les règles thérapeutiques que nous venons d'indiquer.

Observation 1re. — M. le Dr G..., 30 ans, livré à des études scientifiques, mène une vie essentiellement sédentaire. Souffrant depuis plusieurs mois de douleurs névralgiques faciales et surtout maxillaires, il fut nous consulter.

A l'examen de la bouche, nous constatâmes aisément que les névralgies étaient dues à l'existence de trois caries dentaires. Un traitement approprié amena la guérison de ces caries et fit cesser tout à fait les phénomènes névralgiques.

Pendant le cours de ce traitement, nous avions remarqué que les quatre canines présentaient un commencement d'ostéo-périostite qui d'ailleurs avait attiré l'attention de M. G... Nous observons, en effet,

(1) *L'Événement médical*, 13 avril 1867.

que, sur la partie antérieure du collet de ces quatre dents, la gencive, dans une étendue en surface de quelques millimètres, présente une plaque rouge injectée, parfaitement limitée et très-distincte. Le bord gingival est décollé de la surface dentaire, et la pression du doigt sur ce point fait sourdre une petite quantité de pus. Ces phénomènes étant parfaitement exclusifs aux quatre canines à un degré analogue, et le reste des gencives étant normal, nous avons affaire, sans nul doute, à un début d'ostéo-périostite des mieux caractérisés.

Nous faisons une application d'acide chromique déliquescent dans l'alvéole même au moyen d'une baguette de bois plate chargée de la substance. Il s'ensuit quelques sensations de chaleur et de cuisson d'ailleurs légères.

Huit jours après, la gencive avait perdu son injection première, offrait la coloration normale et était parfaitement recollée à la surface dentaire sans trace de suppuration alvéolaire.

Cette première observation montre combien, au début, la guérison de l'ostéo-périostite est rapide et facile, par la seule intervention d'un moyen local. Nous avons pu recueillir déjà un certain nombre de faits de ce genre. Nous nous bornerons, à cet égard, à ce seul exemple.

Observation 2e. — M. X..., 28 ans, d'origine russe, a toujours eu une dentition régulière et saine ; il jouit d'une excellente santé ; aucun antécédent diathésique, syphilitique ou autre ; aucun traitement mercuriel.

Il remarqua pour la première fois, il y a environ quatre années, que les dents incisives, aux deux mâchoires, subissaient une certaine déviation ; elles se projetaient en avant, de manière à soulever notablement les lèvres, en présentant entre elles un écartement assez prononcé. En même temps, elles se découvraient un peu au niveau du collet, se déchaussaient, en un mot, et offraient un ébranlement appréciable. La mastication était devenue un peu douloureuse lorsqu'elle s'exerçait sur la partie antérieure de la bouche, comme dans l'action de mordre le pain, par exemple.

Cet état ayant préoccupé le jeune homme, il consulta à Saint-Pétersbourg plusieurs médecins, qui ne lui conseillèrent d'autre moyen que l'emploi de divers collutoires ou dentifrices à base alcoolique, qui ne produisirent aucun effet.

La maladie continua sa marche, et, au bout de quelque temps, M. X... constata un nouveau phénomène : la pression du doigt, à la surface des gencives, faisait sortir de l'alvéole une notable quantité de pus. Le malade répétait souvent cette manœuvre, qui amenait toujours le même résultat. Il consulta de nouveau, mais il ne lui fut conseillé encore aucun traitement sérieux ; l'emploi seul de certains dentifrices lui fut indiqué. Cependant son état n'éprouvait aucune amélioration, et les phénomènes augmentèrent même progressivement, jusqu'à l'époque actuelle où le jeune homme, faisant un voyage en France, vint nous consulter.

État actuel (20 décembre 1866). — La maladie est localisée à la partie antérieure des deux arcades dentaires. A la mâchoire inférieure, elle s'étend depuis la canine droite jusqu'à la gauche inclusivement ; à la supérieure, elle occupe la même région. Au delà de ces limites, les dents et les gencives sont restées saines. Les dents inférieures, notablement plus atteintes que les supérieures, sont aussi plus allongées, inclinées en avant et ébranlées. Une pression un peu forte détermine une faible douleur. Elles sont aussi un peu écartées l'une de l'autre, offrant une disposition en éventail, mais d'ailleurs nullement décolorées et ne présentant aucune trace de tartre à leur collet. La gencive est rouge, déprimée au niveau des dents malades, relevée dans leurs interstices, ce qui augmente l'apparence festonnée de son bord libre. Ce bord est, dans toute l'étendue de la partie malade, décollé de la surface sous-jacente, de sorte qu'un stylet fin peut pénétrer derrière elle, à quelques millimètres de profondeur dans l'alvéole. Cette petite manœuvre est douloureuse, et la pression du doigt détermine la sortie d'une quantité assez considérable d'un pus blanc, épais, crémeux.

A la mâchoire supérieure la maladie paraît un peu moins avancée ; les dents sont moins dénudées ; la gencive, d'un rouge violacé, est festonnée et comme échancrée au niveau des dents affectées ; celles-ci, toutefois, sont moins déviées, à l'exception des incisives centrales qui ont subi un avancement proportionnel à celui des incisives centrales inférieures. La pression sur les gencives fait sourdre comme en bas une quantité de pus à peu près analogue.

Traitement. — Matin et soir, badigeonnage avec la teinture de cochléaria pure.

Tous les cinq jours, application d'acide chromique faite d'abord modérément, puis plus largement, afin de couvrir toute l'étendue des parties malades.

Ces applications amènent d'abord une certaine recrudescence inflammatoire apparaissant le lendemain de la cautérisation à l'acide chromique, et durant environ deux jours. Cette légère réaction fait place à un apaisement qui entraîne une amélioration notable.

Nous joignons à ces applications l'emploi du chlorate de potasse à la dose de 1 gramme 50 centigrammes par jour, soit 6 pastilles à 0,25 centigrammes chaque, et un verre d'eau de Pullna tous les huit jours.

Au bout d'un mois de traitement, des changements très-notables se sont produits : le bord des gencives est moins rouge, moins décollé; la pression sur les dents n'est plus douloureuse; les hémorrhagies spontanées, qui incommodaient beaucoup le malade pendant la nuit et le matin, ne se produisent presque plus, et l'écoulement purulent est beaucoup moindre.

Le traitement est continué sans modification pendant trois mois encore.

Au bout de ce temps tout phénomène local a disparu complétement, et les dents, tout en conservant la légère déviation qu'elles ont subie, sont redevenues solides, indolentes, et toute suppuration a disparu; les gencives sont rosées et normales.

Nous conseillons toutefois à M. X..., qui quitte la France, de ne pas cesser tout traitement, et de continuer des applications topiques, alternées de semaine en semaine avec la teinture de cochléaria, et un collutoire au chlorate de potasse et quinquina, parties égales.

Cette observation, qui aboutit à une guérison complète en un temps relativement court, a pour objet un cas où la maladie, bien que datant de quatre années, n'était pas arrivée encore à une période très-avancée. On a vu que la lésion était en quelque sorte à sa période d'état, qu'il n'y avait que peu d'ébranlement, pas d'abcès gingivaux ni de perforations fistuleuses.

Observation 3e. — M. B..., 45 ans, d'un tempérament éminemment sanguin, n'a jamais souffert des dents. Il y a environ une année, il ressentit au niveau de la première grosse molaire supérieure gauche une douleur sourde, permanente, qui semblait répondre à la gencive de la racine de cette dent. Il remarqua en outre que celle-ci subissait, à des époques presque régulières, un certain allongement avec sensation douloureuse à la rencontre de la mâchoire opposée. Une suppuration notable s'écoulant de l'alvéole était particulièrement appréciable le matin à la pression du doigt, et les manœuvres de succion donnaient la sensation désagréable d'écoulement fétide.

Des applications d'acide chromique faites au pourtour du collet et dans les interstices dentaires voisins sont renouvelées régulièrement tous les huit jours.

1 gramme 50 de chlorate de potasse par jour : six pastilles à 25 centigrammes chaque, avec la recommandation de les laisser fondre au contact de la région malade.

Un purgatif salin.

Régime doux, herbacé, frictions sur les gencives avec des quartiers d'orange.

Sous l'influence de ce traitement, une amélioration progressive se produit, la dent recouvre sa fixité dans son alvéole; la suppuration se tarit complétement, et la gencive reprend son aspect normal.

Au bout de trois mois, M. B... était absolument guéri.

Nous lui recommandons toutefois de reprendre quelques pastilles et de continuer quelques frictions avec les quartiers d'orange.

OBSERVATION 4e. — M. M..., 50 ans, chef de bureau dans un ministère; il est de petite taille, d'un embonpoint considérable, sujet à des congestions céphaliques qui alternent d'une manière presque réréguliére avec des flux hémorrhoïdaux; pas d'antécédents syphilitiques.

Depuis environ trois années, il a remarqué que les quatre incisives inférieures et les deux petites molaires gauches de la même mâchoire avaient éprouvé un notable ébranlement et un allongement appréciable. Les gencives se sont décollées, et le malade pouvait, par la pression du doigt faire sortir de l'alvéole un pus crémeux et jaunâtre. Le malade remarque en outre que chaque matin la bouche est remplie de sang et que son oreiller en est souvent taché.

Au moment où nous observons le malade, l'affection a conservé la localisation que nous avons indiquée : les incisives sont très-ébranlées, surtout la médiane droite, au niveau de laquelle la gencive fongueuse et violacée présente une petite perforation fistulaire répondant à peu près au milieu de la racine, et pouvant livrer passage à un stylet fin, s'arrêtant bientôt sur une partie rugueuse qui n'est autre que la surface dentaire elle-même. Pour les autres incisives et les deux bicuspides, l'altération est notablement moins avancée. Toutefois, le bord gingival est décollé et laisse pénétrer assez avant dans l'alvéole une sonde exploratrice. La suppuration est très-abondante, car à tout moment la pression sur les gencives produit un écoulement qui forme un liséré blanc le long du bord alvéolaire.

Traitement. — Chlorate de potasse à la dose de 2 grammes par jour, huit pastilles à 25 centigrammes chaque.

Une application tous les huit jours d'acide chromique déliquescent, appliqué au moyen d'une baguette de bois dans les alvéoles qui répondent aux incisives et aux molaires affectées; une petite application spéciale est faite aussi dans la partie fistuleuse de la gencive.

Purgatifs légers, une cuillerée de magnésie tous les six ou sept jours.

Régime doux, herbacé; quelques bains entiers ou bains de siége aux époques de congestions hémorrhoïdales, afin de hâter l'hémorrhagie terminale.

Ce traitement fut continué huit mois avec une grande régularité et une grande persistance de la part du malade. Au bout de ce temps, tous les accidents ont disparu. Les dents ont repris leur solidité. La gencive est redevenue rosée et adhérente à la surface dentaire. Les hémorrhagies nocturnes ne se sont pas reproduites, la suppuration est tarie et la perforation fistulaire elle-même est oblitérée. Aucune trace en un mot ne subsiste de l'affection ancienne, si ce n'est encore une très-légère mobilité au doigt de l'incisive médiane droite, la plus sérieusement atteinte. L'état général est meilleur.

M. B... part pendant un congé d'un mois aux bains de mer. Tout traitement reste suspendu. A son retour, nous constatons qu'aucun accident ne s'est reproduit.

Observation 5e.— Mme de M., 28 ans, est d'une excellente santé, d'un tempérament sec et nerveux; elle n'offre aucun antécédent morbide. Quelques-unes de ses dents se sont cariées antérieurement et ont été guéries. Depuis environ cinq années, elle remarqua qu'un notable ébranlement était survenu sur cinq dents de la mâchoire inférieure et trois de la supérieure. Il se produisait en même temps une certaine douleur sourde au niveau des points malades, et la pression du doigt et même simplement des lèvres faisait sortir de l'alvéole une assez grande quantité de pus. Mme de M... qui habite Paris pendant l'hiver et la Bretagne en été, avait remarqué que les accidents étaient surtout marqués pendant la première saison, tandis que durant l'été ils diminuaient un peu, mais sans toutefois cesser complétement. En outre, la malade remarqua que l'affection subissait des recrudescences considérables dans les quelques jours qui précèdent les époques menstruelles pour reprendre une sédation marquée à la fin de la période.

Au moment où nous observons Mme de M... (février 1864), la bouche se trouve dans l'état suivant :

A la mâchoire inférieure, la première grosse molaire droite présente un ébranlement tel qu'elle semble à la veille de tomber spontanément. La gencive à son pourtour est fongueuse, violacée, baignant dans le pus qui s'échappe incessamment de l'alvéole; la deuxième molaire droite est dans un état moins avancé, mais, outre un ébranlement très-notable, la gencive en dehors et au niveau du collet est couverte de bourgeons d'un rouge vif, saignant au moindre contact et se prolongeant dans l'intérieur de l'alvéole, où l'œil peut les suivre si l'on soulève le bord gingival décollé. Cette dent est particulièrement sensible à la pression.

La troisième dent affectée inférieurement est l'incisive médiane droite très-ébranlée, sans déviation toutefois, recouverte, d'une gencive rouge, décollée, portant une bande verticale d'injection et présentant une perforation fistuleuse entourée de fongosités, livrant passage jusqu'à la racine.

Les deux dernières dents malades sont la première et deuxième molaires ébranlées à un égal degré, entourées de fongosités occupant le bord libre et baignant dans le pus.

Les trois dents affectées à la mâchoire supérieure sont la première et la seconde grosse molaire droites et la première gauche, affectées à peu près au même degré que les précédentes.

Mme de M..., avant de prendre nos avis, a employé divers moyens et consulté plusieurs médecins. On lui conseilla successivement des applications de teintures alcooliques qui restèrent absolument insuffisantes; puis le cochléaria et plus tard la teinture d'iode. Ce dernier moyen fut appliqué pendant plusieurs mois et ne produisit d'autres résultats que de fatiguer beaucoup la malade en déterminant des phénomènes d'angine, sans modifier aucunement l'état de la bouche.

Traitement. — Nous instituons notre thérapeutique habituelle :

Applications tous les huit jours d'acide chromique sur les régions affectées et dans le trajet de la fistule.

Chlorate de potasse, 1 gr. 50 par vingt-quatre heures (6 pastilles).

Tous les cinq jours un verre d'eau de Pullna.

Régime doux, herbacé, frictions gingivales fréquentes avec une macération alcoolique de cresson de Para.

Au bout de quatre mois de ce traitement, c'est-à-dire en juin 1864, l'état de la bouche est le suivant :

La première grosse molaire inférieure droite est dans le même état. Aussi ébranlée malgré des applications caustiques énergiques, sa chute est toujours imminente. Les autres dents ont éprouvé une amélioration très-manifeste : ainsi l'incisive a repris sa solidité et la perforation est fermée; les autres molaires sont également plus solides et les fongosités saignantes sont très-modifiées, toutefois la guérison n'est pas achevée.

Mme de M... part pour la province; nous lui recommandons de poursuivre l'emploi de chlorate de potasse et quelques applications astringentes.

Au mois de décembre de la même année, Mme de M... revient à Paris après avoir négligé de suivre nos recommandations; son état est le suivant :

La molaire droite si ébranlée est tombée spontanément; la perforation fistuleuse de l'incisive s'est rouverte et les fongosités entourant les autres dents se sont reproduites. Toutefois, l'état de ces différents points est de beaucoup moins grave qu'à la première époque de traitement.

Nous reprenons tout l'ensemble de nos moyens curatifs et avec une grande persistance pendant six mois.

En juin 1865, Mme de M... peut être considérée comme guérie; les dents ont repris toute leur solidité et toute suppuration alvéolaire est tarie.

Depuis cette époque, nous avons vu cette malade à chacune de ses périodes de séjour à Paris, pendant les hivers 1865 et 1866. Chaque fois, une faible recrudescence de l'affection s'était produite à la suite des suppressions de traitements, mais quelques applicatians d'acide chromique suffirent pour rétablir l'état normal.

Nous bornerons à ces cinq observations les exemples de guérison par la mention desquels se terminera ce travail. Nous en avons toutefois recueilli un bien plus grand nombre, mais ils se rapprochent plus ou moins de l'un de ceux-ci, et leur exposé nous entraînerait trop loin. Nous devons aussi enregistrer un certain nombre d'insuccès : ils étaient dus soit à l'état trop avancé de la maladie, soit à la négligence des malades et à l'irrégularité du traitement, soit enfin à l'existence d'états généraux graves dominant étiologiquement la lésion locale, tels que diabète, albuminurie, etc.

CONCLUSIONS.

En résumé, nous pouvons terminer ce travail par les *conclusions* suivantes :

1° L'affection, communément désignée sous les noms de *suppuration conjointe des alvéoles et des gencives* (Jourdain, Oudet), est caractérisée anatomiquement par une *ostéo-périostite* du cément et du périoste dentaires;

2° La maladie survient soit sans cause appréciable, et elle est alors purement locale, soit plus ordinairement sous l'influence de certains états généraux qui ont été déterminés dans ce travail;

3° *L'ostéo-périotiste alvéolo-dentaire* considérée généralement comme incurable, n'est pas, selon nous, au-dessus des ressources de l'art;

4° Le mode de traitement qui, seul, nous a donné des

résultats satisfaisants, consiste dans les applications régulières et périodiques d'acide chromique employé pur, applications auxquelles nous ajoutons comme moyens adjuvants les collutoires astringents, le chlorate de potasse et les révulsifs intestinaux et cutanés.

TABLE.

IMPRIMERIE EUGÈNE HEUTTE ET Cᵉ, A SAINT-GERMAIN.

BEAUNIS et BOUCHARD. **Nouveaux éléments d'Anatomie descriptive** et d'embryologie, par H. BEAUNIS, professeur à la Faculté de médecine de Nancy, et H. BOUCHARD, professeur agrégé à la Faculté de médecine de Nancy. *Deuxième édition*. Paris, 1873, 1 vol. gr. in-8 de XVI-1104 pages avec 421 figures dessinées d'après nature, cartonné........ 18 fr.

BON (H.). **Le dentiste de soi-même** ou **l'art dentaire** expliqué et commenté au point de vue de la nouvelle école. Bruxelles, 1873, in-8 de XV-61 pages... 2 fr. 50

CHAPIN, HARRIS et AUSUEN. **Traité théorique et pratique de l'art du dentiste;** comprenant l'Anatomie, — la Physiologie, — la Pathologie, — la Thérapeutique, — la Chirurgie et la Mécanique dentaires, par CHAPIN, A. HARRIS et AUSTEN, traduit de l'anglais par le docteur E. ANDRIEU. Cet ouvrage paraît en six fascicules de huit feuilles chacun environ. Prix de l'ouvrage complet, 1 vol. gr. in-8 de 800 pages, avec 400 figures intercalées dans le texte........................ 15 fr.

KUSS (E.). **Cours de Physiologie**, par E. KUSS, professeur de physiologie à la Faculté de médecine de Strasbourg, recueilli et publié par MATHIAS DUVAL, prosecteur de la Faculté de médecine de Strasbourg. *Deuxième édition*. Paris, 1873, 1 vol. in-18 jésus de 500 pages avec figures... 7 fr. 50

LETIEVANT. **Traité des Sections nerveuses** et de leurs applications à la thérapeutique chirurgicale, par le docteur LETIEVANT, chirurgien des hôpitaux de Lyon. 1 vol. in-8 avec 40 figures............ 8 fr.

MANDL (L.). **Traité pratique des maladies du larynx et du pharynx**. Paris, 1872, in-8 de XX-816 pages avec 7 pl. gravées et color. et 164 figures, cart... 18 fr.

MONOD (CHARLES). **Études sur l'angiome simple sous-cutané circonscrit** (naevus vasculaire sous-cutané, angiome lipomateux, angiome lobulé), suivies de quelques remarques sur les angiomes circonscrits de l'orbite. Paris, 1873, gr. in-8 de 87 pages avec 2 planches...... 2 fr. 50

NEYRENEUF. **Du traitement des Tumeurs sous-cutanées** par l'application de la pâte sulfosafranée et de l'action de l'acide sulfurique sur la peau. Paris, 1872, gr. in-8 de 84 pages........................ 2 fr.

OUDET. **Recherches anatomiques, physiologiques et microscopiques sur les dents** et sur leurs maladies, comprenant 1° Mémoire sur l'altération des dents désignée sous le nom de carie; 2° sur l'odontogénie; 3° sur les dents à couronnes; par J.-E. OUDET, membre de l'Académie de médecine, etc. Paris, 1862, in-8 avec une planche.... 4 fr.

RINDFLEISCH (ÉDOUARD). **Traité d'histologie pathologique**, traduit sur la seconde édition allemande et annoté par le docteur F. GROSS, professeur agrégé à la Faculté de médecine de Nancy. Paris, 1873, 1 vol. gr. in-8 de 739 pages, avec 260 figures........................ 14 fr.

ROBIN. **Anatomie et physiologie cellulaires**, ou des cellules animales et végétales, du protoplasma et des éléments normaux et pathologiques qui en dérivent. Paris, 1873, 1 vol. in-8 de 640 pages, avec 83 figures, cart... 16 fr.

ROBIN. **Programme du cours d'Histologie**. *Seconde édition*, revue et développée. Paris, 1870, 1 vol. in-8. XL-416 pages............... 6 fr.

TREILLE (JUSTIN). **Les Tumeurs de l'ovaire** considérées dans leurs rapports avec l'obstétrique, c'est-à-dire au point de vue de la conception, de la grossesse, de l'accouchement et de la puerpéralité. Paris, 1873, gr. in-8 de 84 pages... 2 fr.

VERGNE (A.). **Du Tartre dentaire et de ses concrétions**. Gr. in-8 de 52 pages avec une planche,................................ 2 fr.

Imprimerie Eugène HEUTTE et Cie, à Saint-Germain.

www.ingramcontent.com/pod-product-compliance
Ingram Content Group UK Ltd.
Pitfield, Milton Keynes, MK11 3LW, UK
UKHW020114240726
13926UKWH00011B/1459